Weihnachten im alten Wien

Für meine Familie

Inhalt

Alt-Wien im Schnee: Pferdefuhrwerk am Karlsplatz, um 1900

Weihnachtsglück: Kinder spielen unterm Christbaum mit einem Nußknacker. Kolorierter Holzstich nach einer Zeichnung von Johannes Raphael Wehle, um 1895.

Einleitung

Weihnachten im alten Wien – ein nostalgisch-wehmütiger Zauber umgibt diese Vorstellung, Erinnerungen an den Christkindlmarkt am Hohen Markt werden wach, an glanzvolle Weihnachtssoireen in den Palästen des Hochadels und opulente Festtagsgerichte, an uraltes Brauchtum und kunstvolle Krippenspiele, an Lichterengel, Christbaumschmuck und kitschige Weihnachtspoesie. Wie kaum eine andere Metropole Mitteleuropas hat Wien das moderne Erscheinungsbild dieses Fests geprägt: Der Mythos der habsburgischen Residenzstadt und die eigentümliche Gefühlswelt von Weihnachten gingen eine einzigartige Verbindung ein, fanden zur fruchtbaren Symbiose, die immer wieder neue Mythen gebiert. Wenn sich urbane Landschaften mit einem gigantischen Roman vergleichen lassen, wie dies Michel Butor in seinem Essay *Die Stadt als Text* nicht zu Unrecht vorschlägt, so kommt dem „Kapitel" Weihnachten in Verhältnis zu allen anderen vom und im Stadtkosmos Wien generierten Textmengen ein besonderer Stellenwert zu – die darin enthaltenen Geschichten und Legenden, Fakten und topographisch im Stadtbild fixierbaren Gegebenheiten hallen unmittelbar wider in der einen großen Idee von der Kaiserstadt: Der Supertext Wien nährt sich aus dem Subtext Weihnachten in Wien.

Setzt man sich nun tatsächlich auf die Spur des Weihnachtsfests in Wien, so stößt der neugierige Zeitreisende auf so manches Fragezeichen, tradierte Überlieferung und historische Faktizität klaffen nicht unbeträchtlich auseinander, es gilt Johann Nestroys treffendes Aperçu aus der heute beinahe vergessenen Gelegenheitsposse *Moppels Abentheuer im Viertel Unter Wiener Wald in Neu-Seeland und Marokko*: „Die Vergangenheit ist ein im Dunkeln befindliches Gemählde, wenn da die Neugierd' ein Licht hinsetzen will, muß augenblicklich die Diskretion wieder den Schirm vorstellen" – ein Satz, der allgemein jenes seltsame Dilemma charakterisiert, mit dem das Sprechen über Vergangenes einhergeht, und der im speziellen Fall von „Weihnachten im alten Wien" bedeutet: Das „Gemälde" davon ist eine Sache, die „ganze Wahrheit" darüber eine andere – diese kann allerdings *per definitionem* von der Geschichtsschreibung nicht geleistet werden; was bleibt, sind immer wieder kleine Ergänzungen, Farbkorrekturen, Nuancierungen.

Überblickt man nun die vorhandene Literatur zur Geschichte des Weihnachtsfests in Wien, so stellt man bald fest, daß die Quellenbasis dafür nicht einfach ist – einem komplizierten Puzzle gleich sind Hinweise in Memoiren, Tagebüchern und Reiseberichten, in Zeitungen und Zeitschriften zusammenzusetzen, gegeneinander abzuwägen. Dies bewirkte andererseits, daß die Betrachtung zu sehr an der äußeren Form von Weihnachten hängenblieb, sein diffiziles Zusammenspiel mit dem Aufstieg des Bürgertums, der zunehmenden Verstädterung und der Durchsetzung moderner Geldwirtschaft kaum beachtet wurde.

Adalbert Stifter schrieb zu diesem Problemkreis scharfsinnig in seinem Roman *Der Nachsommer*: „In der Stadt kommen die Veränderungen, welche die Künste und Gewerbe bewirkt haben, zur Erscheinung; auf dem Lande die, welche naheliegendes Bedürfnis oder Einwirken der Naturgegenstände aufeinander hervorgebracht haben. Beide vertragen sich nicht, und hat man das erste hinter sich, so erscheint das zweite fast wie ein Bleibendes, und dann ruht vor dem Sinne ein schönes Bestehendes und zeigt sich dem Nachdenken ein schönes Vergangenes, das sich in menschlichen Wandlungen und Wandlungen von Naturdingen in eine Unendlichkeit zurückzieht." In wunderbar poetischer Weise formulierte hier Stifter einen Gedanken, der die Erkenntnisse der modernen Sozialwissenschaften vorwegnimmt: Die städtische Gesellschaft ist Trägerin des sozialen Wandels, sichtbar wird dieser Wandel nicht zuletzt durch die Änderungen im Erscheinungsbild von Festen und Feiern – denn genau diese würden, wie Richard Sennett in *Fleisch und Stein*, seiner großen Studie über die körperlichen Erfahrungen der Menschen im urbanen Raum, schrieb, die „soziale Wahrheit" illustrieren.

1922 definierte der berühmte deutsche Soziologe Max Weber den Brauch durch die Regelmäßigkeit sozialen Handelns: „Es lassen sich innerhalb des sozialen Handelns tatsächliche Regelmäßigkeiten beobachten, d. h. in einem typisch gleichartig gemeinten Sinn beim gleichen Handelnden sich wiederholende oder ... bei zahlreichen Handelnden verbreitete Abläufe von Handeln" – ausgehend von dieser Definition, muß das „Brauchtum" eingebettet gesehen werden in soziale Interaktion, d. h., ein Fest wie Weihnachten stellt sich als Summe normierter Verhaltensweisen und Zeichen dar, die in einem gleichsam strukturalen System zueinander geordnet sind, gleichzeitig aber auch zurückgebunden an die sozialökonomische Situation der brauchausübenden Menschen (Ingeborg Weber-Kellermann).

Um diesen Zusammenhang besser zu verstehen, ist es notwendig, die gesellschaftliche Funktion festlicher Rituale noch etwas präziser ins Auge zu fassen. Feste wie Ostern oder Weihnachten fokussieren auf Bräuche/Sitten/Handlungen – Rituale, denen mythologische bzw. religiöse Inhalte und Glaubenssätze zugrunde liegen. Die rituelle Praxis schafft daher zunächst immer einen Raum, in dem dieses mythisch-religiöse Sediment – soweit dies möglich ist – wieder lebendig wird. In solch einem „magischen" Raum ausgeführte Handlungen verbinden daher die Menschen (Gläubigen) in besonderer Weise, sie geben ihnen Selbstvertrauen und Würde zurück, verleihen jene Kraft, die notwendig ist, um gegen alltägliche Benachteiligungen, Mißachtung und Unterdrückung gewappnet zu sein. In der abstrakten Formulierung von Richard Sennett heißt das: „Das Ritual konstituiert die soziale Form, in der Menschen als aktiv Handelnde, und nicht als passive Opfer, mit dem, was ihnen persönlich versagt wurde, umzugehen suchen."
Weihnachten war und ist nun zweifellos das bei weitem wichtigste Fest im Jahreskreis, und deshalb kommt ihm besondere Signifikanz für die soziale Befindlichkeit einer Gesellschaft zu. Genau aus diesem Grund wurden Veränderungen im Weihnachtsbrauchtum von wachsamen Kritikern mit Argusaugen beobachtet und oft mit Mißfallen registriert – instinktiv spürte man, daß sich dahinter mehr verbarg als das geänderte Ritual auf den ersten Blick an seiner Oberfläche dokumentierte. Das gilt auch für Wien – nur zögernd gab man Althergebrachtes auf, obwohl man sich von den Glaubensinhalten innerlich bereits weitgehend distanziert hatte.
Am Beispiel „Weihnachten" exemplifiziert: Das Brauchtum aus diesem Bereich erzählt von der Gesellschaft, die dahintersteht. Verfolgt man die Veränderungen in der „Brauchsprache" über die Jahrhunderte hinweg, so spiegelt dies die Entwicklung einer sozialen Gemeinschaft wider, man erfährt über Wunschphantasien und Hoffnungen, über Träume und Visionen. Entdecken wir diese auf der folgenden Zeitreise zurück in die Weihnachtswelt unserer Urgroßväter, erfreuen wir uns an dem Zauber, den dieses Fest immer ausstrahlte und der den grauen Alltag der Menschen mit wärmendem Glanz durchschnitt!

Ein alter Mann mit roter Mütze und weißem Bart erschien in den Häusern, um die Kinder zu beschenken oder zu bestrafen: Der heilige Nikolaus ist als Gabenbringer älter als das Christkind; in der Gestalt des „Weihnachtsmannes“ konnte er sich diese Rolle bewahren. Ausschneidebogen, um 1880.

Als das Christkind noch der Nikolaus war ...

Weihnachten, als Geburtsfest Jesu Christi eines der ältesten Feste des christlich-abendländischen Kulturkreises, wird von der römisch-katholischen Kirche seit der Mitte des 4. Jahrhunderts am 25. Dezember begangen. Ursprünglich kannte man für diese Jahreszeit nur das aus Ägypten in die Kirche Roms gelangte Fest der Epiphanie, der Erscheinung des Herrn, das am 6. Jänner gefeiert wurde. Mit der taktisch gut überlegten Installierung eines spezifischen Geburtsfestes zum symbolträchtigen Dezembertermin gelang es der Kirche, allmählich alte „heidnische" Positionen zu „erobern" – feierten doch die germanischen Völker in der Zeit vom 25. Dezember bis 6. Jänner das Fest der Wintersonnenwende, das Ende des 19. Jahrhunderts als „Julfest" in deutschvölkischen Kreisen zu neuen Ehren gelangen sollte, und war der 25. Dezember im spätantiken Rom doch auch der Stiftungstag des *Deus Sol invictus*, des unbesiegten Sonnengotts – eines Kults, den Kaiser Aurelianus (214–275) eingeführt hatte. Und es war die Zeit der Saturnalien, jenes ausgelassenen und fröhlichen Fests, das den Unterschied zwischen Herren und Sklaven aufhob und damit an paradiesische Zustände eines längst vergangenen „Goldenen Zeitalters" erinnerte.

Das neue christliche Weihnachtsfest traf – so klar und überzeugend es auch seine Botschaft formulierte – auf eine uralte „Brauchtumswelt", die so einfach nicht zu beseitigen war, ja, manche „heidnische" Rituale, manche „abergläubische Praktiken" – man denke an das Stubenauskehren oder Belauschen der Tiere in der Christnacht – lebten in der Bevölkerung fort und konnten auch durch angestrengteste Bemühungen nicht beseitigt werden. Weihnachtsevangelium und vorchristliche Kultelemente gingen eine Symbiose ein, die dem Fest seinen unverwechselbaren „mystischen" Reiz verliehen – bis heute ist in der immer wieder beschworenen „Weihnachtsstimmung" ein Rest dieses besonderen Flairs spürbar. Die Besinnung auf vorchristliche Traditionen führte unter anderem auch dazu, daß deutschtümelnde Weihnachtshistoriker in ihrer Begeisterung für das Julfest – man malte sich Szenen von Wagnerschen Dimensionen mit ausschweifenden Trinkgelagen und pathetischen „Julfestschwüren" aus – den Begriff „Weihnachten" von den alten Germanen herleiten zu können glaubten: *wihinechti* hieß das Kunstprodukt ihrer etymologischen Versuche. Tatsächlich entstand das Wort „Weihnachten" erst um 1300 aus mhd. *diu wihe naht* (ahd. *wih* = „heilig") bzw. aus der Dativform *ze wihen naht*, was nichts anderes als „heilige Nacht" bedeutete. Durch Zusammenziehung dieser Worte bildete sich zunächst das Pluralwort *wihenachten*, im 14. Jahrhundert kam schließlich auch der singularische Gebrauch („Weihnacht") in Mode.

Zum Weihnachtsfest im mittelalterlichen Wien, einer Stadt des Heiligen Römischen Reiches, schweigen zwar die Quellen, doch ist anzunehmen, daß bereits damals die Christmette im Mittelpunkt der religiösen Feiern stand; eine hübsche Anekdote aus der Babenbergerzeit erzählt Jans Enenkel in seinem *Fürstenbuch von Österreich und Steyerland*, und zwar berichtet er über den Einzug Herzog Leopolds VI., des Glorreichen, ins weihnachtliche Wien, der von den Bürgern mit allerlei Geschenken empfangen wird:

... die fleischhaker chamen zu hant
und fürten an seil und an pant
dreizzich rinder oder mer
darzu warn sie nicht zu ler
sie sprachen herre guet
rain und wolgemuet
dicz weisad sult ir enpfahen
iz sol ew nicht versmahen
do prachten im die pecchken
chiphenn (Kipferl) und weizze flechen
weisser dann ein hermelein ...

Vom Schenken

Noch gab es keine „Bescherung“ großen Stils und schon gar kein „Christkind“, doch war das Überreichen kleiner „Christ-Geschenke“ zu Weihnachten in der mittelalterlichen Wiener Stadtgesellschaft vermutlich nicht unbekannt – stand man damit doch in einer Tradition, die bis zu den „Saturnal-Geschenken“ (*apophoreta*) der alten Römer zurückreichte. Das Schenken und Beschenktwerden – eine Grundfigur menschlichen Sozialverhaltens – im Dezember war seit der Antike üblich; was sich mit Beginn der frühen Neuzeit änderte, war die Ausgestaltung der weihnachtlichen Schenkrituale. Vor allem in den protestantischen Gesellschaften des 16. und 17. Jahrhunderts, die mit dem alten „Aberglauben“ der Katholiken nichts mehr zu tun haben wollten, zeigte sich immer deutlicher die Tendenz hin zu einem Familienfest neuen Stils, in dessen Mittelpunkt die Kinder des Hauses rückten: Sie wurden beschenkt wie eh und je – allerdings: Sie schenkten selbst nichts mehr, denn die Geschenke kamen nun nicht mehr von den Eltern, sondern von einer „mythisch-unerreichbaren“ Figur (Ingeborg Weber-Kellermann), die Christkindlein oder Knecht Ruprecht hieß und alles wußte und alles vermochte – gleichsam göttliche Eigenschaften, die den Kindern auch zur Last werden konnten, wurden sie doch von diesem großen Unbekannten „moralisch“ in die Pflicht genommen: Beschenkt wurde von ihm, wer das Jahr über artig und brav gewesen war, Gehorsam gegen die Eltern, Fleiß und Ehrfurcht gezeigt hatte; der Akt der Bescherung – ein zunehmend aufwendig inszeniertes Spektakel – setzte also sittliche Disziplinierung voraus, bedeutete Einübung in das „Struktursystem von Macht und Ohnmacht“, in das Akzeptieren anonymer Mächte, denen man ausgeliefert war. Weihnachten gestaltete sich zur rituellen, alljährlich wiederkehrenden Gratifikationsrunde für die Unterwerfung unter die Spielregeln der frühbürgerlichen, zunehmend auf Erfolg konditionierten Gesellschaft. Geschenke waren keineswegs selbstlos aus Liebe gegebene Gaben – sie luden sich vielmehr auf mit neuer Signalwirkung: Du hast brav „funktioniert“ und dir dafür auch die Geschenke verdient – trachte aber auch danach, in Zukunft Entsprechendes zu leisten!

Obwohl sowohl die katholische als auch die evangelische Kirche diesem sehr freien „Umgang“ mit Elementen der christlichen Glaubenslehre ablehnend gegenüberstanden, ihn als „Narrheit“ und „schimpffliches Zeug“ verurteilten, war die Dynamik des Schenkens nicht mehr zu stoppen. Der Nutzen für eine zunehmend „bürgerlich“ werdende Gesellschaft war offensichtlich – Hand in Hand damit ging die Entfaltung einer immer komplexer werdenden weihnachtlichen Geschenkkultur, in der sich der soziale und wirtschaftliche Erfolg des Bürgertums spiegelte und die mit der Einführung des Christbaums als zentralem Symbol der Bescherung einen Höhepunkt erreichte. Das kirchliche Hochfest zum Gedenken an die Geburt Jesu, des Erlösers, hatte sich damit endgültig in die Feier bürgerlicher Glücksvorstellungen verwandelt: Familiäre Harmonie und privater - auch geschäftlicher - Erfolg wurden zu den wichtigsten Kriterien für die alljährliche Festfreude.

Die Nikolaus-Komödie

Was nun Wien betrifft, so war es hier, in der Hauptstadt der Gegenreformation, unmöglich, diese Entwicklung des Weihnachtsfests mitzutragen, es blieb bei den traditionellen religiösen Kernritualen und beim geselligen Vergnügen - beliebt waren vor allem diverse Kartenspiele -, dem man sich in fröhlicher Runde hingab. Über Rekordbesuch freuten sich am Heiligen Abend Wein- und Bierschenken, in denen sich, wie der Spötter Joseph Richter in seiner *Bildergalerie* schrieb, „andächtige Christen" auf die Mette vorbereiteten. Für die lebenslustigen Wiener blieb Weihnachten ein Fest des Frohsinns, der saturnalischen Ausgelassenheit alter Zeit näher stehend als dem betulich-frommen Eifer des protestantischen Nordens. Die weihnachtliche Devise der Wiener blieb: Hauptsache, man hat seinen Spaß!
Nun hatten die erzkatholischen Habsburger ihren Wiener Untertanen zwar mit blutiger Konsequenz den Protestantismus ausgetrieben, aber nicht verhindern können, daß sich hier dennoch auch neue Verhaltensmuster im Begehen der Dezemberfeste etablierten. Die gesellschaftlichen Veränderungen - der Aufstieg frühbürgerlicher Schichten zu Ansehen und Wohlstand - erzeugten insbesondere Druck auf das Schenkverhalten und entsprechende Inszenierungen: So war auch die Wiener Bürgerschaft bald nicht mehr bereit, auf jenes probate Mittel zur sittlichen Konditionierung ihrer Kinder zu verzichten, das in lutherischen Landen so erfolgreich angewandt wurde: Geschenke gegen die angebliche oder tatsächliche Tugendhaftigkeit des Nachwuchses auszutauschen.
Da Weihnachten aus gegenreformatorischen Rücksichten entwicklungsmäßig blockiert war, entwickelte sich das neue Geschenkritual im Umfeld eines anderen Dezemberfests, das in Wien - und im süddeutschen Raum - ebenfalls auf eine lange Tradition zurückblicken konnte: der Nikolausfeier. Der heilige Nikolaus, auch Nikolo oder St. Nikla genannt, der schon immer kleine Geschenke wie Äpfel und Nüsse gebracht hatte, übernahm jetzt immer mehr die „Starrolle" des großen Schenkenden und strengen Prüfers; es bildete sich jenes komödiantische Szenario heraus, das später die josephinischen Aufklärer zu heftiger Kritik herausfordern sollte: Begleitet vom Krampus, der phantasie-

voll ausstaffierten Verkörperung des strafenden Bösen, erscheint der heilige Nikolaus mit Bischofsmütze und Stab und beginnt sein strenges Examen der Kinder; bei zufriedenstellendem Ergebnis gibt es die Geschenke, bei weniger überzeugendem Resultat kann es neben diesen auch noch Rutenhiebe vom Krampus geben.

Der englische Arzt und Reisende E. Brown, der die habsburgischen Lande zwischen 1670 und 1680 bereiste, gibt in seinem drei Jahre nach der Zweiten Türkenbelagerung veröffentlichten Werk *Durch Niederland, Teutschland usw. Österreich, Steyermark usw gethane ganz besondere Reisen usw.* (Nürnberg 1686) einen Hinweis auf das Nikolausfest in der Barockzeit und insbesondere über die diesbezüglichen Schenkusancen der Wiener: „Sie haben eine Gewohnheit, daß sie auf den S. Nicolaus-Tag den Kindern einige kleine Geschenke in die Schuh stecken. Unter andern aber thun sie gewisse Thaler von Pappier und Blumen, die verguldet und versilbert seyn, darunter, welche doch kaum eines Pfennigs werth" – bescheidene Anfänge, die sich ein Jahrhundert später zur großen Geschenkpalette erweitert hatten: Jetzt gab es Puppen und Nähzeug, Lehrbücher und Schmuck und natürlich das traditionelle – frische und/oder gedörrte – Obst und mitunter auch ein buntgeschmücktes grünes „Nikolobäumchen", einen Vorläufer des späteren Christbaums. Damit hatte der Nikolaus das weihnachtliche Geschenkpotential fest an sich gebunden.

Während nun im protestantischen Norden das „Kindleins-Spiel" oder auch „Christkindleins-Spiel" als „Comödiantische Fürstellung der Geschichte der Erscheinung des Herrn Jesu" (so Zedlers *Universal-Lexikon Aller Wissenschaften und Künste* 1748) den Zorn der Theologen und Aufklärer weckte, waren es im katholischen Süden die immer „ausschweifender" werdenden Krampus- und Nikolaus-Spektakel, die schließlich – etwa vier Jahrzehnte später – aufklärerische Vernünftigkeit auf den Plan riefen. Sie wollte dem munteren Treiben in eindringlichen Appellen, formuliert in kleinen Streitschriften, Einhalt gebieten, doch vorerst wohl ohne Erfolg. Heute sind diese kuriosen Anti-Nikolaus-Pamphlete eine wichtige kulturhistorische Quelle; eine dieser Broschüren, die Schrift *Was ist der Nikola? Nannerl! schau! schau! dort steht der Wau, Wau! Schon kommt er geloffen herab vom Feldbau* (Wien 1782) von J. D. Hanner, berichtet uns, daß das Nikolospielen von Handwerkergesellen und kleinen Geschäftsleuten sogar gewerbsmäßig betrieben wurde – man bestellte bei ihnen eine „Nikolo- und Krampus-Show" und konnte sich der professionellen Durchführung gewiß sein. Und wir erfahren aus Hanners Beitrag zum josephinischen Nikolausdiskurs auch den Wortlaut eines jener Sprüche, die die Kinder im Angesichte des weißbärtigen Heiligen und seines zottelfelligen Begleiters zu memorieren hatten:

Herein! herein! Herr Nikola!
Es sind gar fromme Kinder da;
Sie betten gern und lernen gern –
Nur, Herr Nikla, was schön's verehr'n!
Nuß', Zucker, Obst, auch Marziban;
Wir nehmen alles willig an.
Auch Mandelkern, Ziweb'n und Feig'n
Auch wenn du willst ein' hibsche Geig'n.
Doch Mädeln lieb'n die Docken sehr,*
Nur Buben sind sie keine Ehr' –
Zwar kömmst aus einem weiten Land,
Doch Gottesmann, mach' auf die Hand!
Gieb uns, was dir gefällig ist,
Wir lernen ja zu aller Frist.
Lieben auch Vater und Mutter all'zeit,
Du schwarzer Krampus stell' dich ziemlich weit!
Herr Nikla zum Beschluß!
Nehmen Sie vorlieb mit dem Handkuß. **Puppen*

Die Attacken der Aufklärer richteten sich jedoch nicht nur gegen den pädagogischen Unsinn, Gehorsam durch theatralisch inszenierte Drohungen erzwingen zu wollen, sondern verstärkt auch gegen die „Possen" des Krampus, der, folgt man den Quellen, seine Aufmerksamkeit vor allem den hübschen weiblichen Bedienten der besuchten Häuser widmete und vor erotisch-anzüglichem Unfug nicht zurückschreckte. Was barocke Sinnenfreude und die Lust an der Komödie einst geduldet, ja geschätzt hatten, schien der nüchtern-praktisch denkenden Stadtgesellschaft am Vorabend der großen europäischen Krise, heraufbeschworen durch die Französische Revolution, bereits bedenklich – die Zeit war reif für neue Formen des Geschenktransfers und familiärer weihnachtlicher Idyllik.

Anonym

O mein allerliebstes Jesulein

O mein allerliebstes Jesulein,
Wie hart hat man di beth,
Viel zu schlecht ist dieses Krippelein
Der höchsten Majestät.
Du Herr und Gott sollst leiden Noth,
Mein Hertz vor Lieb mir schon gantz vergeht.

O mildreichstes Kind, ligst auff dem Heu
Ein Herr der gantzen Welt
Ligst in Elend und Armuthey
Ein Gott, der all erhelt
In Kinds-Gestalt bist ewig alt,
Dein Zeit und Jahr hat niemand gezelt.

Unaussprechlich leidt das zarte Kind,
Doch klagen kan es nicht,
Dringen durch den Leib die kalten Wind',
Der scharpffe Luft einbricht:
Ohn Hülff und Trost fließen vor Frost
Die nasse Äuglein im Angesicht.

Hast du doch zuvor wohl kennt das Land,
Wie wild man procediert,
Wer dir auch der Menschen Art bekand,
Wie hast du dann verirrt.
Was geschehen ist, hab alls vorgwist
O Lieb, o Lieb, du hast ihn verführt.

O Hertzliebes Kind, du edler Schatz
Schön über Engels Zier,
Hast dann in der weiten Statt kein Platz
Kein Winckel zum Quartier.
Mein Hertz nimb an, darinnen wohn,
Sey du hinfüro das Hertz in mir.

Denn ich alles hab, wann ich dich hab
Von dir ich mich nicht wend,
Gib, dass ich dich lieb bis in mein Grab,
Dann stirb ich wohl content
O dass ich mög ewig sein.
Die Lieb soll haben kein Zill und End.

Anno 1686, drei Jahre nach den Schrecken der Zweiten Türkenbelagerung, wurde bei der Hofbuchdruckerin seiner Römisch-Katholischen Majestät, Susanne Christina Cosmerovin, ein Werk in Auftrag gegeben, das unter dem Titel *Erliche Gemüths-Erquickungen* ... den Leser und Leserinnen seelischen Beistand für alle möglichen Gelegenheiten versprach. Ein Weihnachtslied durfte in dieser erbaulichen Sammlung natürlich nicht fehlen – in inbrünstigen, wortreich-barocken Versen wird das Kind in der Krippe als Erlöser beschworen, nachdrücklich konzentriert sich der

Text auf das Verhältnis des Menschen zu ihm – das Weihnachtsmysterium erfüllt sich im Anblick des Kindes, Gefühle, nicht Geschenke, richten sich ausschließlich auf das Jesukind; nachdrücklich sichert diesem der Text in einer Art Treuversprechen jene große unverbrüchliche Liebe zu, die der gläubige Mensch seinem Gott schuldig zu sein meint. In einer Zeit, in der das Aufstellen einer Krippe mit dem Beginn des Advents die zentrale festtägliche Symbolhandlung war, kam Krippenliedern dieser Art die Funktion zu, das im „Krippelspiel“ anschaulich dargebotene Ereignis in Worte zu fassen, sie boten religiösen Kommentar und Handlungsanweisung zugleich, formulierten das, worauf es dem gläubigen Christen ankommen sollte.

Als weihnachtliches Festzeichen war der Tannenbaum auch schon der josephinischen Gesellschaft bekannt: „Das Christbescherens oder der fröhliche Morgen“. Stich von Joseph Kellner.

Abraham a Sancta Clara

Item fragt der Nicola

Es ist eine uralte Gewohnheit, daß heuntigen Tags der Nicola einleget, kommet aber eine Nacht vorhero, die Kinder zu probiren und zu examiniren, ob sie auch durch ihre Herren Lehrmeister, Hofmeister, Schulmeister, Rechenmeister, Sprachmeister und andere Informations-Räth wohl unterwiesen in Glaubens-Sachen, in Buchstabiren, Sylben theilen, Lesen und Schreiben, in Rechnen, in Sprachen etc.

Item fragt der Nicola:
Wie sich die Kinder das gantze Jahr hindurch verhalten haben?
Ob sie gern beten?
Denen Eltern und Praeceptoribus gehorsam seyn?
Ob zum Exempel der Hanserl und der Paul
nicht zu faul?
Ob der Fräntzerl und Ignazerl
kein schlimmes Frazerl?
Ob der Michel und der Six
vielleicht gelernt nix?
Ob die Cätherl gern bei dem Räderl?
Ob die Sabindl gern bei der Spindl?
Ob die Liserl und Thereserl
nicht etwan zweyn junge Eserl?
Diss alles fragt der Nicola.

Ein frühes Zeugnis für das Erscheinen des Nikolaus am Vorabend des 6. Dezembers stellt der folgende, Abraham a Sancta Clara zugeschriebene Text aus dem Sammelwerk *Abrahamisches Gehab dich wohl! oder Urlaube In diesem End-Wercke seiner Schrifften (...),* erschienen 1729 in Nürnberg, dar. Beim Lesepublikum der Barockzeit genossen diese bildhaften, reich mit Wortspielen durchsetzten Sprüche des beredten Augustinerpaters größte Wertschätzung – die Beifügung „abrahamisch" wurde geradezu als Markenzeichen für Predigten und Traktate gehandelt. Auffallend ist, daß Abraham zufolge der Nikolaus nicht selbst die Gaben bringt, sondern zunächst nur „prüft", ob die Kinder tatsächlich brav gewesen sind.

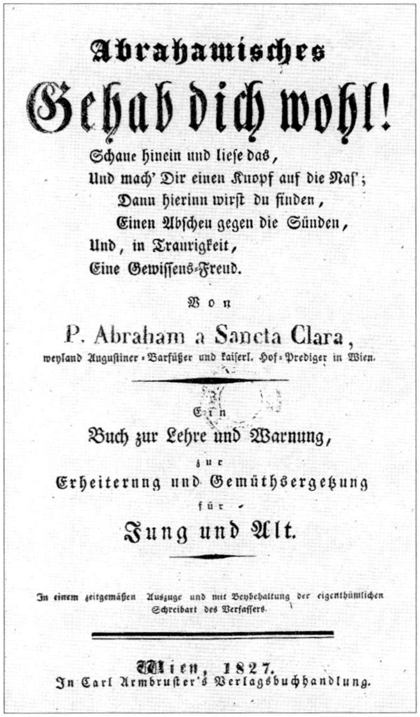
Abrahamisches
Gehab dich wohl!
Schaue hinein und liese das,
Und mach' Dir einen Knopf auf die Nas';
Dann hierinn wirst du finden,
Einen Abscheu gegen die Sünden,
Und, in Traurigkeit,
Eine Gewissens-Freud.
Von
P. Abraham a Sancta Clara,
weyland Augustiner-Barfüßer und kaiserl. Hof-Prediger in Wien.
Ein
Buch zur Lehre und Warnung,
zur
Erheiterung und Gemüthsergetzung
für
Jung und Alt.
In einem zeitgemäßen Auszuge und mit Beybehaltung der eigenthümlichen Schreibart des Verfassers.
Wien, 1827.
In Carl Armbruster's Verlagsbuchhandlung.

Barocke Rhetorik: die Titelseite des 1729 erschienenen Werks

Haegrad

Das Nikolausgespenst

Ein ungemein kritisches und zugleich farbiges Bild von der „Nikolaus Maskerade" in josephinischer Zeit ist uns in einer kleinen Broschüre überliefert, die 1782 unter dem Pseudonym „Haegrad" publiziert wurde: „Ein ächter Beitrag zur Schilderung Wiens über die Vorurtheile des Nikolausgespenstes durch dessen Gepolter die Einbildungskraft der Minderjährigen so thorecht als unbillig mißhandelt wird" - so der langatmige Titel dieses seltsamen Pamphlets, in dem der unbekannte Verfasser zwar mit aller Macht den Beweis für die pädagogische Unvernunft des beliebten Brauchs antritt, dabei jedoch unwillkürlich selbst dem eigentümlichen Faszinosum des „Nikolausspiels" verfällt. Seiner sehr authentischen, wenn auch mitunter polemisch überspitzten Schilderung verdanken wir nicht zuletzt einen wichtigen Hinweis auf das sogenannte „Nikolobäumchen", das in den wohlhabenden Familien Wiens gegen Ende des 18. Jahrhunderts einigermaßen populär gewesen sein dürfte - Haegrads Bemerkung über den „grünen Baum" für die Kinder von „Papa Lipperl" ist ein Beleg dafür, daß der Lichterbaum zumindest „in seiner Funktion als winterliches Festzeichen" (Helmut Paul Fielhauer) bereits Jahrzehnte vor der eigentlichen „Einführung" des Christbaums in Wien bekannt war.

Schon am Vorabend des Nikolausfestes werden den Kindern verschiedene Histörchen von dem Krampus vorgesagt, wenn ohngefähr ein Windlicht vorbeigehet, sagt man ihnen, der Nikolaus komme in dem feurigen Wagen vom Himmel, es ist aber nur der Wastel mit dem Flederwisch; schon tönt der Wächter seinen Mitternachtsgesang im tiefen Baß, hüllt sich in seinen Schlafpelz, und beurlaubet sich von der im Schlaf versenkten Stadt: Aber unsere kleinen Nikolausklienten haben noch nicht eingeschlafen, wie wäre es auch möglich, auf allen Seiten verfolgen sie Unruhen und Schrökken, dann spätt Abends rasselte unten im Hause gleich höllischen Gespenstern mit Ketten der bestellte Hausmeister, selbst die Stubenmagd büllte vor der Thür wie ein blökkendes Kalb, und pochte an die Zimmerthür:

Ein ächter Beitrag
zur
Schilderung Wiens,
über die Vorurtheile
des
Nikolausgespenstes
durch dessen Gepolter die Einbildungs-
kraft der Minderjährigen so thorecht
als unbillig mißhandelt wird.

Nebst einem üblichen Plan, von Kindern, ohne
sie zu schlagen, alle Folgsamkeit zu erhalten.
Von Hägrad.

Wien und Prag,

Der Titelkupfer präsentiert Nikolo und Krampus in satirischer Überzeichnung: Schlimme Kinder werden kurzerhand in die Butte des Bösen gesteckt …

jeder sagt ihm mit verstellter Mine, der Nikolaus melde sich an; doch Gedanken und Ahndungen dem Nikolaus nicht genug zu thun, machen einen noch größeren Tumult in dem zitternden Herzen der Kleinen, aus Mattigkeit fallen sie endlich in die Armen des Schlafes, doch auch der Schlaf eines Furchtsamen ist Unruhe und Schrökken, denn sobald der schlummernde Kleine das Bellen der Hunde und das Rasen des Windes nicht mehr deutlich vernimmt, so bemächtigen ihm ängstliche Träume sich seines Gefühles, bald träumt er, seine betrübte Seele erhebe sich über die Wolken, und falle von dorten in das tobende Meer herab, bald läuft er auf steilen Bergen herum und fliehet vor einem blutdürstenden Tieger, und dann glaubt er wieder in einen bodenlosen Abgrund zu stürzen; er schwitzet, sträubt sich, stoßt sich an den unruhigen Kopf, und erwachet in plötzlichen Schrökken, nicht selten von gichterischen fraishaften Anfällen erschüttert, ziehet die Daumen ein, und knirscht mit den Zähnen, und das alles wegen der hübschen Erzählungen von dem Nikolaus.

Nun, welche Muse oder Satir beschreibt mir anjetzo den prächtigen Einzug des von Gold glänzenden Nikolaus in das beleuchtete Zimmer des frommen gnädigen Herrn, in dessen Kopf es aber desto finsterer aussieht, und vor den es schade, daß er ein Weltmann, und nicht vielmehr ein dummer Mönch geworden - - stille, doch stille, er ist schon zugegen mit verlarvter Stirne, mit satirischer Mine und Bart, und - - nun tritt er wirklich ein der heilige Nikolaus, im bischöflichen Pracht, im goldenen Vespermantel mit glänzender Bischofsmütze und Stab, wie ein Theaterkönig, und prangend wie der Palmesel. Der gute dumme Herr Papa Lipperl und die andächtige Mama Walperl machen ihm tiefe Komplimenten, - - St. St. lachen ist verboten - - um ihre Rolle recht christlich zu spielen, küssen sie ihm die Händ, - o welch ein heiliger Schauer durchfährt das Gefühl des minderjährigen Seperl und der kleinen Nannete - sich bewußt aller kleinen Thorheiten, so sie das Jahr hindurch begangen, überdenken sie schnell alle Fehltritte, und der orakelmäßige Ausspruch des vermeinten Nikolaus, der nach ganz vertrautem Vorgeben der Aeltern vom Himmel kömmt und alle menschlichen Gedanken ganz genau (den kleinsten Umstand nicht ausgenommen) vorhält, bestärket die kleine Betrogene in ihrem Irrwahn. Mit Husten und Scharfüssen gehet der minderjährige Supplikant dem gefürchteten Nikolaus entgegen, der Bischof aber macht den Eingang zur Unterredung durch Gebärden: sich mit majestätischer Mine zu den immer sich bükkenden Kindern wendend, intonirt er mit angenommener Stimme - ich weiß schon, - - ich weiß nur zu gut, was ihr das ganze Jahr gelernet, und was ihr nicht gelernet, ich weiß alle eure losen Streiche und Ungehorsam - - den ihr gegen euren Papa und Mama begangen, ihr werdet (drohet mit der Ruthe)

Verklärende Weihnachtsphantasie des 19. Jahrhunderts: Maria Theresia feiert Weihnachten mit ihren Söhnen Joseph und Leopold und Tochter Marie Christine. Originalzeichnung von J. Weiser.

wie billig gestrafet werden, könnt ihr nur nicht recht aufsagen; aber als Ceremonienmeister rumpelt der bellende Krampus den Kindern entgegen, nöthiget sie stille zu stehen, und zerstreuet ihre hervorquellenden Worte, daß sie von dem goldenen Manne ungehört sich an den Wänden des Saales zerstossen, und ihr Wiederhall die betende Geschwister in Angst und Schrökken versezet: - - endlich legt des heiligen Nikolaus mächtige Stimme dem ergrimmten Cerberus Stillschweigen auf, gehorsam kriecht er zu den Füssen seines Gebieters (wie einst der feuerspeiende Luzifer zu den Füssen des heiligen Prokop) und küsset mit blekkender Gosche den Saum seiner Kleider.-

Nun herrscht ein ernsthaftes Stillschweigen; die große Versammlung der Zuschauer heißt dem heiligen Bischof einen Sitz bringen, eine Ehre, die einem solchen verkleideten Mösner, das ganze Jahr in einer so ansehnlichen Versammlung gnädiger vergüldeter Herren und geschmükter Frauen nicht zu theil wird.

Mit vertraulicher Beredsamkeit fängt der maskirte Nikolaus, seine Karavann von dem hohen Sitze des Olimps herunter zu erzählen an, und sitzet im bischöflichen Ornat das, wie Pontius Pilatus auf dem Throne. Die aufgeklärten Gäste die eben nicht gelehrter, hören dem wichtigen Manne mit sichtbarem Erstaunen zu und drehen mit bedeutlicher Mine die Köpfe, indessen sagt das furchtsame Kind stotternd alle Gebethe und Lehrstükke des Katechismus auf, nicht selten fällt ihm aus Furcht des gegenwärtigen himmlischen Mannes das Gedächtniß, sofern es nun seine Rolle nicht gebührend wie ein Kanarienwerkl daher sagt (denn der verlarvte Pedant giebt nur auf die Worte, nicht aber auf den Sinn des Gesagten acht) oder wenn er sich durch das Jahr hindurch ungehorsam verhalten, ist man nicht zufrieden es mit dem guten Genius getäuschet zu haben, es muß sogar der Krampus mit Bärenpratzen, mit feurigem Rachen und Drachenschweif erscheinen, und selbes schrekken.- Es wird ein Getöse, das Gespenst macht einen Anfall auf den Knaben, als wollte es ihn rauben, der Knabe schreit, weint, ruft um Hilfe, aber weit gefehlt, daß er Hilfe fände, übergeben ihn die unbescheidenen Aeltern, oder unbarmherzige Gerhaben noch selbst dem vermeinten Menschenfresser, der ihn mit einer Kette umschlingt und eine Weile mitschleppet, oder gar mit Ruthen derb abschmieret, welches dieses verkapten Wasteln trefflich verstehen.

Auch die Laqueien und Mägde haben ihren herzlichen Spaß mit, weil der Krampus sich stellen muß, als wollte er sie mitnehmen, er wagt auf selben einen Anfall, damit sich die Kinder desto mehr fürchten, es setzet oft ein jämmerliches Gestöber, Geschrey, Gepolter und Herumschlägerey unter dem Hausgesindl, wie bey dem Sabiner Raub ab, und und man denkt, bei dergleichen Akten müsse und kann alles hingehen, o da schreien sie zusamm, da jammert die

„Verdammliche Spiele" (Joachim Perinet): Den Heiligen Abend verbrachte man bei Kartenspiel und allerlei Orakelbräuchen. Stich von Johann Ernst Mansfeld zu Joseph Richters Buch „Bildergalerie weltlicher Mißbräuche", 1785.

Jungfrau Mariandl so wie Zuchthäuslerinnen lamentirten, da ihnen die Haare abgeschoren wurden, und es ist kein Winkel im Vorhofe, wo man nicht Bellen, Blekken, Weinen, Kirren und Toben hört, aber diese Sabinerinnen lassen sich selbst gar zu gerne von dem jungen Krampus rauben; und also haben Herr, Frau, Mägde und Diener auf Kosten deren Unmündigen einen gesellschaftlichen Tag. Unter diesen tollen, oft ärgerlichen Balgereien und Gestöber unter dem Hausgesindl, werden den Kindern die dümmsten Vorurtheile eingepräget, und die Aeltern ergötzen sich noch daran! Dieß ist die Folge von diesem schönen christlichen Gebrauch. Oft ist unter diesem freien Eintritt namhaft gestohlen worden, doch niemand konnte den Thäter entdecken, dann in dem Trüben laßt sich bequem fischen, ja es sind wohl noch ärgere Mißhandlungen von derlei verlarvten Krampus verübet worden, vor welche aber meine Bescheidenheit den Vorhang fallen läßt, Väter und Mütter werden mich verstehen.

Wann die Verhör bei dem Nikolaus gut abgeloffen, so bekömmt der Knabe, das Mädchen, und bisweilen auch die Mägde verschiedene Geschenknisse, meistens Kleider oder andere Sachen, die man ihnen ohne dies hätte anschaffen müssen, der gütige Nikolaus zieht ein frommmachendes Geschenk aus seiner Tasche hervor, er entwikkelt es aus den umhüllenden Papieren, es ist ein goldgefaßtes Lehrbuch und ein mit Steinen besetztes Angehäng, an einem rothen Bande, welches der Nikolaus dem Knaben anhängt; o welchs frohes Bewußtsein durchströhment jetzt die rothen Wangen des Kleinen! mit leiser Stimme dankt er dem heiligen Manne: ein solches Gefühl durchdringet die Brust eines Ritters, wenn sie nun zum erstenmale, unter dem geheiligten Orden Sterne klopfet; was für köstliche Geschenke häufen sich nicht in dem Schoose der glücklichen kleinen Nanette! Spitzen und Ringe, Nadelbüchsel und ein vergoldetes Nähekissen, Docken (Puppen - Anm. d. Verf.) und künstliche Blumen - - ach denkt sie, so viel Reichthum hat selbst meine gnädige Tante und Mama nicht! sie dünkt sich die glüklichste Princessin! es folgen ganze Schissel voll des niedlichsten frischen und gedörten Obstes, Pfirschen und Amarellen, Lebkuchen und Mandelbächt, und zulezt ein grüner Baum, mit brennenden kleinen Kerzichen bestekket, auf welchen etwelche Pfunde candirtes Zukerbacht eben so glänzen, wie der vom Reife candirte Kirschenbaum zu Winterszeit schimmert, wenn alles vor Kälte kieret und der frohe Schlitten über den Eisrükken des Flusses sicher hinüber rollet.

Anonym

Fressen und Saufen in der Christnacht?

Mit der Durchsetzung der josephinischen Staatsdoktrin, in der das Prinzip der Nützlichkeit für die Allgemeinheit zum obersten Wert erhoben wurde, konnte es nicht ausbleiben, daß auch die weihnachtliche Praxis der Wiener und Wienerinnen ins Schußfeld der Kritik geriet - in den Augen der josephinischen Aufklärer standen Form und Zweck des Weihnachtsrituals keinesfalls in einem würdigen Verhältnis zueinander. Schon anno 1781, ein Jahr nach dem Tod Maria Theresias, erschien unter den zahlreichen Streitschriften auch ein anonymer Text „Ueber die Abschaffung der Weihnachtsmetten und Veränderung in eine Tagandacht, wegen der dabey vorgehenden Unordnungen und bisweilen gelegenheitlichen Ausschweifungen", der im Gefolge der großen Reformen Josephs II. tatsächlich nicht davor zurückschreckte, die Abschaffung dieses tief im alten Wiener Weihnachtsbrauchtum verwurzelten Gottesdienstes zu fordern.

§ 1

Aus welchen Absichten, leider! der meiste Theil unsers dummen, zu schlecht unterrichteten Pöbels, in dieser heiligen Nacht die Kirchen besuche, weiß ein jeder, der kein Fremdling in Israel ist, ohnedies weit besser, als ich mich erklären darf; nämlich nicht soviel um jene freudenvolle Nacht, die das allgemeine Heil der Menschheit entschied, in gottesfürchtiger Andacht, in heiligen Gebeten und Psalmen (wie es die ersten noch warmen Christen thaten) zu feyern, nicht so sehr um den neugebohrnen Erlöser anzubeten, sondern um ihre gesellschaftlichen Zusammenkünfte zu halten, und einen Theil der Nacht mit sündhaftem Aberglauben, mit Spielen und andern abergläubischen Gaukeleyen zubringen zu können, und um zu erfahren, wie auch nächtlicher Weil die Liebeskaressen anschlagen; kurz: anheut giebt die Kirchengewohnheit, die Geburt des Erlösers bey Mitternacht zu feyern, den zum Ausschweifen geneigten Menschen, die zu keiner Zeit abgehen, eine artige Gelegenheit an die Hand, eine christliche Ballnacht zu begehen.

§ 2

Man bringt meistens den heiligen Vorabend in ganz mäßiger Kost zu, ja die meisten Familien fasten gar, um abends (weil man die Nacht hindurch wachen muß) sich destomehr zu überladen; da muß Gesottenes und Gebratenes, Guckelhupf und Pasteten, Wandel und Dortettel; kurz, alles, was die Küche und oft mehr als der Beutel vermag, zu Diensten stehen; da geht's Fressen und Saufen an, als wäre man auf dem letzten Faschingsball; und nun, wenn man sich zur Ehre Gottes voll gefressen, da geht's spielen an, da brandelt man oder trapuliert (ich rede von Bürgern und Gemeinen, ob es gleich bey manchen Adelichen nicht viel besser zugeht), bis es Zeit in die Metten, dann stürmt man nach stiller Mitternacht mit seiner Liebsten, mit vielem Frohlocken und Ungestüme, ja nicht selten mit großem Muthwillen und Ausgelassenheit, oder gar Jauchzen in die heilige Weihnachtsmetten, und erforscht alldort mit begierigem Auge die bekannten und unbekannten Schönen, und es läßt sich gar leicht begreifen, warum man diese Metten so gerne feyert, weil sie eine unterhaltliche Nacht abgiebt; nicht wie die ersten Christen, um dem Gebet abzuwarten, welches man den alten Vätern und Mütterlein überläßt, sondern weil die Nacht dem jugendlichen Volke sehr viele angenehme Vortheile begünstiget, (*) die man sonst so leicht nicht findet.

(*) *Nox & pergræcatio nil moderabile suadent.* Ovid.

Ueber die
Abschaffung
der
Weihnachtsmetten
und
Veränderung
in eine
Tagandacht,
wegen der dabey vorgehenden Unordnungen
und bisweilen gelegenheitlichen
Ausschweifungen.

Wien, 1781.

*Die Verlockung ist zu groß –
Adam und Eva beim
Christbaum. Farbholzstich
nach einem Gemälde von
Marie Wunsch, um 1895.*

Das neue Christbaumfest und die Gabenbringer von einst: Nikolaus und Krampus kommen auch am Heiligen Abend.
Aquarell von Franz Xaver von Paumgartten im „Erinnerungsbuch" für die Wiener Kaufmannsfamilie Baumann, 1820.
Rechte Seite: Weihnachten im Vormärz. Monatsbild zu Joseph Sigmund Ebersbergs Zeitschrift „Wiener Zuschauer".

December.

Bürgerliche Familienidylle im Kaiserhaus: Nikolofrühstück bei Maria Theresia. Im Schlafrock vor dem Kamin: Kaiser Franz Stephan. Erzherzogin Marie Christine reicht ihrem - darob nicht sehr glücklichen - Bruder Ferdinand einen Schuh mit Rute. Während Erzherzogin Maria Antonia stolz ihre neue Puppe präsentiert, macht sich der kleine Maximilian Franz über die Lebkuchen her. Gouache von Marie Christine nach einem Bild von Cornelis Troost, 1762.

Maria fecit 762

Beliebtes Wintervergnügen des Wiener Hofs: eine Schlittenfahrt am Neuen Markt. Der Zug der Schlitten bewegte sich in dreifacher Schlangenlinie und umkreiste sechsmal den Platz. Kolorierter zeitgenössischer Stich.

Alt-Wiener Weihnachtsstimmung: der Christkindlmarkt Am Hof, überragt vom Denkmal für Feldmarschall Radetzky

Christbaumschmuck aus der Zeit um 1850/60. Ursprünglich konnten nur einfache Glaskugeln hergestellt werden, die mit flüssigem Blei, später mit Silbernitrat versiegelt waren. Der Einsatz von Gasgeräten ermöglichte es den Glasbläsern schließlich, zahlreiche neue Formen zu kreieren. Ein Zentrum der Christbaumschmuckproduktion war der thüringische Glasindustrieort Lauscha.

Joachim Perinet

Über die Mette

Aus wohlhabendem Haus stammend, war der Singspiel-Autor Joachim Perinet (1763-1816) als Schauspieler in der Leopoldstadt engagiert, als er 1786 mit seinen „Ärgernissen", einer satirisch-kritischen Tour d'horizon *durch die Wr. Gesellschaft, gegen deren Fehler und Laster, aber auch gegen die letzten Bollwerke volkstümlich-barocker Frömmigkeit ins Felde zog. Vom Standpunkt des kritischen, moralisierenden Aufklärers aus gesehen, hatte auch in seinen Augen die Weihnachtsmette (im Wienerischen das „Sabbathindl") ihren Sinn verloren - Perinet geißelt heftig ihr Abgleiten in ein wenig kontemplatives, dafür aber um so fröhlicheres Kirchenfest.*

Bei allen aufgehobenen, überflüssigen und oft ärgerlichen Religionszeremonien blieb uns noch die mitternächtliche Weihnachtsmette, die doch eine der vorzüglichsten, wo nicht gar die Allererste aller Ungereimtheiten ist.
Sie ist die Loosung, die ganze Nacht durchzuwachen, zu spielen, zu - schwelgen, und Afterglauben und Dummheiten in verdammlichen Spielen zu üben. Halb besoffen, halb noch sich auf genossene Freuden rückerinnernd, eine Hälfte der Gedanken in der Kirche, die andere am Schenktische, in einer Hand den Rosenkranz, in der anderen den falschen Würfel: mit zerrissenem Haar und halbentblößtem Busen, mit halbgeschlossenen Augenlidern schwankt in der Stunde der Mitternacht Jüngling und Mädchen in den Tempel des Allerhöchsten, um da eines der größten Geheimnisse halbschlafend zu feiern, und morgendes Tages dafür dafür desto länger faulenzen zu können.
Wenn auch so manchen Frömmling die Andacht spornt, so treibt doch die meisten das Ungewöhnliche, das sogenannte Feierliche dieser Handlung und die *en Negligée* hier versammelten Schönen. Das Mädchen schielt verstohlen aus dem Betbuche von dem Bilde eines Heiligen auf den schon halb taumelnden Jüngling, und dieser halbtrunken auf die halbbetende Schöne.
So wird diese Nacht des außerordentlichen Festes das Fest der Entweihung, der Stein des Ärgernisses!

Karoline Pichler

Nikolaus und Krampus

Im ersten Band ihrer 1841 erschienenen „Zeitbilder" erinnert sich Karoline Pichler (1769-1843), die jahrzehntelang den bedeutendsten literarischen Salon Wiens unterhielt, wie Nikolaustag und Weihnachten um 1780 in ihrem Elternhaus gefeiert wurden. Als Tochter eines wohlbestallten Hofrats und einer Vorleserin am kaiserlichen Hofe genoß sie eine ausgezeichnete Erziehung, da durften natürlich auch so heißersehnte Momente wie der Besuch des Nikolaus nicht fehlen.

Der 5. Dezember und mit ihm der Vorabend des Nikolaustages war gekommen. Jetzt ertönte ein lautes Geklingel vor der Tür, diese öffnete sich rasch, ein heller Lichtschein strömte ins Zimmer; und nun trat der Bischof mit der hohen Mütze und dem langen weißen Bart, auch sonst wohlvermummt mit weißer Perücke und Baumwollbart, den goldenen Stab in der Hand, mit feierlichem Anstand herein. Hinter ihm kam der Krampus im schwarzen Pelzrock, mit Hörnern auf dem Kopfe und einer mächtigen Rute, in den Händen einen Sack voll Nüsse. Der heilige Mann prüfte die Kinder aus dem, was sie damals in der Schule lernten, und teilte dann die Geschenke aus. Er drohte wohl auch mit der Rute, die der Schwarze zum Schrecken der Kinder schwang; endlich aber hieß er den Krampus, seinen Sack auszuleeren. Dies geschah dann mit großem Gepolter, zur Freude der Kinder, die auf die herauskollernden Nüsse losstürzten und ihnen in alle Winkel nachkrochen.

Diesem Abend folgte nun bald der Weihnachtsabend. Damals war er kein Fest mit duftendem Tannenbäumchen und schimmernden Lichtern, sondern ein Tag der Vorbereitung auf den hohen Festtag, an dem man Enthaltsamkeit und Genuß, Andacht und Vergnügen sinnig zu vereinigen wußte.

Streng beobachtete man das Fasten. Es versteht sich, daß in den Häusern, wo man etwas darauf hielt, nicht nur kein Fleisch auf den Tisch kam, sondern daß man auch bloß eine Mahlzeit zu sich nahm, und zwar gegen Abend.

Nach dieser gesellten sich gewöhnlich die Freunde des Hauses zur Familie und begingen ein sogenanntes „Sabbathindl“. Man veranstaltete Gesellschaftsspiele, darunter das wohlbekannte „Lesseln“. Dann, gegen Mitternacht, begab man sich in die Mette, das heißt in das Hochamt, das um diese Stunde in den Kirchen zum Andenken der Geburt des Heilands gehalten wird, und kehrte hierauf nach Hause zurück. Nichts hielt jetzt mehr davon ab, in Gesellschaft heiterer Tischgenossen ein recht reichliches Mahl zu verzehren. Der Weihnachtstag war ja angebrochen, somit der Genuß der Fleischspeisen erlaubt.

Unter „Lesseln“ oder „Lösseln“ verstand man Gesellschaftsspiele, die in den Rauhnächten - „Lößnächten“ - einen Blick in die Zukunft erlauben sollten; dazu zählten Ofenlochschauen, Bleigießen und Schuhwerfen. Bei letzterem Vergnügen saßen die unverheirateten Mädchen mit dem Rücken gegen die Tür und warfen ihren Schuh über den Kopf hinweg. Zeigte die Schuhspitze zur Tür, so galt dies als ein Zeichen, daß das betreffende Mädchen noch im kommenden Jahr als Braut durch diese hinausgehen würde. „Sabbathindel“, den wienerischen Ausdruck für „Christmette“ leitet Gustav Gugitz von italienisch *sabbatino* („Abendunterhaltung“) ab.

Der Nikolo

wie er in der Legende und in den Volkssitten und Gebräuchen lebt und leibt. Zugleich die Erklärung der schönen Volksgebräuche und deren Zusammenhang mit der altgermanischen Mythe.

Verfaßt von einem Kinderfreunde aus Christdorf in Mähren.

3. Auflage.

Im Selbstverlage des Verfassers, Pfarrer Johann Michal, Christdorf bei Hof in Mähren.

1902.

242.709 - A

Anonym

Das Fest des Bohnenkönigs

Im Gegensatz zu seinem älteren Bruder Joseph, der nach dem Tode seiner zweiten Frau ein einsames Leben als Witwer geführt hatte, genoß Kaiser Leopold II. am Christtag die Gesellschaft seiner großen Familie. Im „Auszug aller europäischen Zeitungen" vom 12. Februar 1791 berichtete ein anonym bleibender „Hofberichterstatter" Details aus dem weihnachtlichen Familienleben des Herrschers.

Unser Monarch entzieht sich, wenn er kann, seinen Staatsgeschäften und verschafft sich Erholung in dem Schoße seiner Familie. Am Weihnachtstage brachte er einen großen Kuchen in den Zirkel seiner Kinder, schnitt ihn auseinander und feierte wie ein guter Vater das sogenannte Fest des Bohnenkönigs. Der Erzherzog Josef bekam die Bohne und wurde Bohnenkönig. Er ernannte also seinen Hofstaat; die Königin von Neapel machte er zu seiner Königin und den König von Neapel machte er zu seinem Oberjägermeister (beide waren damals in Wien), endlich kam er an seinen durchlauchten Vater und machte ihn zum Pförtner seines Pallastes. Man fragte ihn, warum er unsern guten Leopold nur zum Pförtner machte? Dies habe ich getan, sprach er, weil der Papa unter allen der mächtigste ist, folglich wird er den Eingang zu meinem Hof allen denjenigen, die nicht dahin gehören, am besten verwehren können.

Nur fromme Legende: Herzog Leopold VI. wird im weihnachtlichen Wien mit einem Tannenbäumchen empfangen. Illustration zu Anton Zieglers populärem Werk „Vaterländische Immortellen aus dem Gebiete der österreichischen Geschichte", Wien 1838.

Heinrich Ritter von Levitschnigg

Ein Krampus aus Pflaumen vulgo Zwetschkenkrampus

Zu Recht vergessen sind heute die meist auf exotischen Schauplätzen spielenden reißerischen Romane des ehemaligen Berufsoffiziers und später als Journalist und Schriftsteller tätigen Heinrich Ritter von Levitschnigg (1810-1862). Sein bekanntestes Buch, „Wien wie es war und ist“ (1860), ist jedoch eine geschätzte kulturgeschichtliche Quelle; unter anderem erinnert sich Levitschnigg in seiner unterhaltsam zu lesenden Deskription der kaiserlichen Residenzstadt auch an das alte Nikolausfest - von den barocken Tollheiten, so berichtet er, sei jedoch um die Mitte des 19. Jahrhunderts nicht mehr viel geblieben, der einst gefürchtete Rutenschwinger an der Seite des heiligen Bischofs zum kümmerlichen Zwetschkenkrampus verkommen ...

Wenn der November zu Ende geht und die Festklänge allüberall verstummen, denn „Kathrein sperrt den Tanz ein“, dann beginnt ein ernsteres und doch nebenbei lustigeres Leben und Treiben in der großen Residenz am oberen Donaugestade. Die Adventzeit ist herbeigekommen, das Weihnachtsfest steht vor der Thür, und bald wird der Christabend dämmern mit seinen reichbehängten Tannenbäumen, an deren Zweigen hunderte von Lichterchen die Geburt des Helden vom See Tiberias feiern und verkünden. (...)
Der Vorläufer der Weihnachten ist das Nikolaifest.
Dies Fest wird zu Ehren des heiligen Nikolaus, des einstigen Bischofs von Myra, am 6. Dezember gefeiert. Der heilige Nikolaus, heißt es, zieht an diesem Tage Abends mit dem Knecht Ruprecht umher, droht den unfolgsamen Rangen mit der Ruthe, und gibt den gehorsamen Kindern Äpfel und Nüsse zu verkosten. Das Nikolaifest wurde im Mittelalter, besonders in Hamburg, mit Maskeraden und Gelagen gefeiert; diese Sitte ist auch hie und da, wie zum Beispiel in

einigen Ortschaften von Thüringen, üblich. In Wien heißt der heilige Nikolas schlechtweg Niklo, wobei die Betonung auf die letzte Sylbe fällt. Sein Erscheinen wird den Kindern durch Klingelgeläute wie durch das Rasseln der Ketten verkündet. Der Heilige trägt die Bischofsmütze und den Krummstab. Seine Begleiter sind der Engel mit dem goldenen Stab und der sogenannte Krampus mit dem Schürhaken.

Dieser Krampus - ein Wiener Ausdruck - ist nichts weiter als der leidige Gottseibeiuns in höchst eigener Person. In Buden wie auf den Ständen der Halle, um nicht Höckerweiber zu sagen, wird ein Standbild, eine Statuette des Meisters Urian oder des Junkers Voland verkauft, eine Statuette, welche komisch genug aus Pflaumen gefertigt wird, und den Namen Zwetschkenkrampus zu führen pflegt. Dieser Zwetschkenkrampus schwingt die Ruthe, trägt auch Ketten, ist nebenbei mit Rauschgold in stattlicher Weise herausgeputzt. Hätte E. Th. A. Hoffmann diesen originellen Kauz gekannt, der Zwetschkenkrampus würde in dem obenerwähnten Märchen zweifelsohne eine sehr bedeutende Rolle gespielt, eine tüchtige Märchenfigur abgegeben haben.

Chronist des alten Wien:
Heinrich von Levitschnigg.
Stahlstich von Christoph Preisel
nach einer Zeichnung von
Franz Weigel.

Der Christbaum hat sich im bürgerlichen Haushalt durchgesetzt: Monatsbild von Vincenz Raimund Grüner, kolorierte Radierung, um 1830.

Die kurze Vergangenheit des Christbaums in Wien

Die Säkularisierung des Weihnachtsfestes, sein „Wandel vom religiösen Kirchenfest zum profanen Familienfest" (Doris Foitzik), ging nun auch in Wien Hand in Hand mit dem rasanten Aufstieg des Bürgertums; sich herauskristallisierende neue gesellschaftliche Strukturen – entstehend durch zunehmende Industrialisierung sowie durch das enorme Anwachsen von Berufsgruppen wie jener der Beamten und Lehrer – prägten veränderte „weihnachtliche Verhaltensmuster" (Ingeborg Weber-Kellermann). Zum Symbol dieser tiefgreifenden Veränderung des Weihnachtsrituals wurde der Christbaum – die allgemein geläufige Formulierung, daß er eines schönen Tages in Wien „eingeführt" wurde, entspricht nicht exakt den Tatsachen: Man nahm den Christbaum in Wien vielmehr aktiv an, fügte er sich doch punktgenau in das „Anforderungsprofil" einer gesellschaftlichen Schicht, die – politisch noch ohnmächtig – alle neben der Erwerbstätigkeit verbleibende Kraft in das Wohl der Familie und vor allem in deren Reproduktionsfähigkeit investierte: Die Ideen der Aufklärung waren schließlich auch in Wien auf fruchtbaren Boden gefallen; man hatte den Wert von Erziehung bzw. Bildung für das Halten neu errungener Positionen erkannt und tat alles, um den Kindern weiterhin entsprechend gute Chancen zu vermitteln. Weihnachten wurde daher zum Fest, an dem man die Seilschaft mit den Kindern für den Wettbewerb „draußen" durch Geschenke besiegelte. Man verstärkte die Position des Christkinds, des „anonymen Gabenbringers" (Ingeborg Weber-Kellermann), was zwar nichts mit kirchlichen Lehrmeinungen zu tun hatte, aber dafür um so besser zu einem Weihnachtsritual paßte, das die Bescherung der Kinder ins Zentrum rückte – Tannengrün und brennende Kerzen ergaben dafür ein unwiderstehliches Ambiente. Den theologisch-philosophischen Rückhalt für das neue Weihnachtsfest lieferte eine kleine Schrift von Friedrich Schleiermacher, die 1806 unter dem Titel *Die Weih-*

nachtsfeier erschien und bei den Zeitgenossen – auch in Kreisen der Wiener Intelligenz – auf allgemeine Zustimmung stieß. Das Revolutionäre im Konzept Schleiermachers: Feste wie Weihnachten erhielten von ihm eine Schlüsselfunktion im neuen christlichen Frömmigkeitsbewußtsein zugewiesen, das sich nicht mehr auf Dogmen und fragwürdige historische Fakten zur Geschichte Jesu stützte, sondern das gefühlsbetonte gegenwärtige Erlebnis Gottes suchte. Und nicht in den Kirchen wäre dieses zu finden, sondern in der Familie, im Kreise von Frau und Kindern, in fröhlicher Geselligkeit – „weihnachtliche Frömmigkeit" und „bürgerliche Häuslichkeit" (Dieter Schellong) gingen damit jene unverrückbare Allianz ein, die bis heute unser Verständnis von Weihnachten bestimmt.

Die Weihnachtsparty bei den Arnsteins

Christbaum und Christkind wurden zu Symbolen des neuen Weihnachtsbrauchtums, doch sie waren nicht das Entscheidende – „revolutionär" war vielmehr die Art und Weise, wie das Fest am Heiligen Abend inszeniert wurde. Tannenbaum und Kerzenschmuck waren schon in josephinischer Zeit nicht unbekannt, allerdings pflegte man den „grünen Baum, mit brennenden Kerzen bestekket, auf welchem etwelche Pfunde candirtes Zuckerbacht glänzen" (Haegard, 1782) bereits zum Fest des heiligen Nikolaus aufzustellen; als „Nikolobäumchen" war diese Form vorweihnachtlichen Baumschmucks bis in die Biedermeierzeit üblich – im nüchternen Jargon der Volkskunde: Es gab so etwas wie eine „Altverbreitung des Christbaums in Ostösterreich". Radikal neu war jedoch die Verbindung des alten weihnachtlichen Festzeichens mit einem Schenkritual, das eine bisher unbekannte Spielregel vorgab: Die Geschenke wurden vom anonymen Gabenbringer – in Wien im allgemeinem wohl vom „Christkind" – um den Christbaum angeordnet, die Kerzen wurden angezündet, und erst dann rief man die Kinder zur „Bescherung". Im magischen Schein des Lichterbaums, in jenem wunderbaren, unvergeßlichen Moment, in dem die Bescherten das Geschenkarrangement erblickten, gewannen die Präsente neue Qualität, sie wurden gleichsam umstrahlt von der Aura des Numinosen und stellten dadurch etwas Besonderes, Einzigartiges dar. Die „Erhöhung" der an sich profanen Geschenke im Zeichen des Christbaums – das war genau jene weihnachtliche „Erfolgsformel", die der aufstrebenden bürgerlichen Gesellschaft zupaß kam. Man hatte einen Weg gefunden, „modern" zu schenken, ohne den Klimbim der Nikolauskomödie und ohne Limits – geschenkt wurden nicht mehr Äpfel und Nüsse, sondern alles, was nützlich, lehrreich, sinnvoll und erbauend war. „Sinnlos" freilich waren die alten Brauchtumsgeschenke geworden, obsoleter

Ihre „Weihnachtspartys“ am Heiligen Abend ebneten dem Christbaum in Wien den Weg: Fanny von Arnstein. Schabblatt von Vincenz Georg Kininger nach einem Gemälde von Guerin.

36 TRAVELS IN LOWER HUNGARY. [CH. I. *Vienna.*

ladies, till a late hour, and thus concluded a Sabbath in the capital and court of this most Christian and Catholic country.

I have already mentioned, that the festivities of Vienna are suspended or modified according to the instructions of the Catholic kalendar. I shall now venture to describe a few of the religious ceremonials which occurred during my residence in that city, and produced some changes and interruptions in the usual course of amusement. The first of these took place about a month before Christmas. During the whole of Advent, public balls were prohibited; and, in the two days previous to Christmas day, the theatres were closed, although a great concert was, on the 23d, given by the court. The bad weather prevented any public processions on Christmas day. It was, however, fully occupied in prayers and mass through all the churches, which were attended by great multitudes of people. I observed some of them most actively employed, at the same moment, upon their different religious duties. During the time they stood around the pulpit, as if listening to the sermon, their lips were in rapid motion repeating their prayers, their hands busily counted their beads, and their eyes were wandering from one object to the other, fixed for a moment, upon an altar, for a moment, upon an ornamented image, and then, for a moment, upon the sacred relics of a mouldering saint. After the sermon, a procession of priests and attendants passed through the assembled crowd, sprinkled the people with holy water, and invoked upon them the blessings of Heaven. These and similar ceremonies occupied the day; but, in the evening, a grand piece of music, composed by Beethoven, and called the Battle of Vittoria, was given to a crowded assembly in the saloon of the Redoute. After this, all things proceeded with tolerable animation, the chief diversions being plays and concerts till the Epiphany. This holi-

TRAVELS

FROM

VIENNA

THROUGH

LOWER HUNGARY;

WITH

SOME REMARKS ON THE STATE OF VIENNA

DURING THE CONGRESS,

IN THE YEAR 1814.

BY RICHARD BRIGHT, M. D.

EDINBURGH:

PRINTED FOR ARCHIBALD CONSTABLE AND COMPANY, EDINBURGH;

AND

LONGMAN, HURST, REES, ORME, AND BROWN,

LONDON.

1818.

Für den englischen Reisenden Richard Bright präsentiert sich Weihnachten in Wien um 1817/18 noch vorwiegend als religiöses Ereignis.

Dekor, der nur mehr aus Traditionsbewußtsein beibehalten wurde oder überhaupt verlorenging. Die Entwicklung hin zu einer immer stärkeren Kommerzialisierung der weihnachtlichen Warenproduktion war damit unwiderruflich eingeleitet.

Vor diesem Hintergrund muß auch die klassische Frage nach dem allerersten Christbaum in Wien etwas modifiziert werden – sie muß lauten: Wann und wo gab es die ersten „Weihnachtspartys“ (Helmut Paul Fielhauer) neuen Stils, die Christbaum und Bescherung in unkonventioneller Weise in den Mittelpunkt rückten? Der berühmte Bericht der Metternichschen Polizeispitzel über die Weihnachtsfeier der Fanny von Arnstein in ihrem Mietpalais am Hohen Markt 1 vom 24. Dezember 1814 spiegelt die Bedeutung dieser veränderten Fragestellung wider: Nicht der Christbaum, sondern die „merkwürdige“ Inszenierung des Fests wurde mit großem Mißtrauen bedacht. Im Polizeibericht hieß es dazu: „Bei Arnstein war vorgestern nach berliner Sitte ein sehr zahlreiches Weihbaum- oder Christbaumfest. Es waren dort Staatskanzler Hardenberg, die Staats-Räthe Jordan und Hoffmann, Fürst Radziwill, Herr Bartholdy, alle getauften und beschnittenen Anverwandten des Hauses. Alle gebetenen eingeladenen Personen erhielten Geschenke oder Souvenirs vom Christbaum. Es wurden nach berliner Sitte komische Lieder gesungen; Frau von Münch sang Lieder vom Kasperle: Es wurde durch alle Zimmer ein Umgang gehalten mit den zugetheilten, vom Weihnachtsbaum abgenommenen Gegenständen. Fürst Hardenberg amüsierte sich unendlich; Herr von Humboldt war nicht dabei“ – zweifellos mußte dem gelernten Wiener, der da inkognito unter den Gästen weilte, dieses ungewöhnliche Heiligen-Abend-Programm sehr seltsam vorkommen, wenngleich man mit dem Hinweis auf die „berliner Sitte“ einen Gutteil davon als Exaltiertheiten der preußisch-jüdisch-protestantischen Gäste erklären konnte. Aufgabe der Polizei war es ja auch nicht gewesen, das Wesen des „Christbaumfests“ auszuforschen, sondern Tun und Lassen der preußischen Delegierten am Wiener Kongreß zu überwachen, in erster Linie natürlich die diplomatischen Unternehmungen des Fürsten Hardenberg. Darüber hinaus war der Salon Fannys allein schon dadurch verdächtig, daß er seit Jahren der Treffpunkt der preußischen Intelligenz in Wien war – für Wilhelm von Humboldt und die Brüder Schlegel ebenso wie für Karl von Savigny, Rahel Levin-Varnhagen oder Clemens Brentano. Für sie alle, die da aus dem Norden nach Wien kamen, war das Haus Arnstein die Attraktion der Stadt, das „Kunst-rendez-vous“ schlechthin.

Die Tatsache eines „Christbaumfests“ wird im Bericht des Polizeispitzels nun so beiläufig und unkommentiert erwähnt, daß daraus wohl nur ein Schluß gezogen werden kann: Diese seltsamen „Partys“ nach „berliner Sitte“ gab

es – zumindest im Hause Arnstein – schon länger, und sie waren auch den Wienern nichts Fremdes; die vielfach kolportierte Geschichte vom „ersten Christbaum" bei Arnsteins 1814 stimmt daher vermutlich nicht – die tatsächliche Premiere des Christbaums in dieser Familie wird man wahrscheinlich einige Jahre früher ansetzen müssen! Was fehlt, ist allerdings ein verläßlicher Hinweis in den Quellen darauf: Der Salon Fannys war berühmt, hier verkehrten die glänzendsten Geister der Zeit, das Geschehen im Haus der charmanten und klugen Philanthropin blieb nicht verborgen – allein, nicht immer gab es von seiten der Geheimpolizei ein Interesse, die verschlungenen Wege des Weihnachtsbrauchtums zu überwachen ...
Die Wahrscheinlichkeit, daß Fanny von Arnsteins Christbaum aus dem Jahre 1814 nicht „der erste" war, ist hoch und erhöht sich in der sorgfältigen Zusammenschau weiterer Quellen. Vergegenwärtigen wir uns kurz das politisch-gesellschaftliche Umfeld dieser Entwicklung: Noch während der Kriege gegen Napoleon Bonaparte hatte Wien als Hauptstadt eines unabhängigen „deutschen" Staates an Attraktivität für Künstler und Intellektuelle aus Nord- und Westdeutschland gewonnen – unter anderem etwa für die bereits erwähnten Brüder Friedrich und August Wilhelm Schlegel, deren Wiener Literaturvorlesungen des Jahres 1808 grundlegend für die Theoriebildung der deutschen Romantik wurden. Dies änderte sich auch nicht, als Napoleon 1813/14 im großen Ringen mit den alliierten Mächten unterlag und ins Exil nach Elba gehen mußte: Die Neuordnung Europas nach über zwei Jahrzehnten blutiger Kriege ging in Wien vonstatten; der Wiener Kongreß wurde zum Mittelpunkt der europäischen Diplomatie, im Tauziehen um den „Kuchen" der Sieger maßen die besten Köpfe ihre Kräfte. Staatskanzler Metternich, der „Kutscher Europas", hielt dabei die Zügel energisch fest in der Hand, unter seiner Führung entstand die „Heilige Allianz", jener Bund der Siegermächte Österreich, Preußen und Rußland, der Restauration an seine Fahnen heftete und damit zwangsläufig scheiterte: Der inzwischen bereits fortgeschrittene Prozeß der „Verbürgerlichung" war nicht mehr aufzuhalten – in Wien trugen gerade die zugewanderten bürgerlichen Oberschichtfamilien aus Preußen und anderen deutschen Staaten wesentlich zu dieser Entwicklung bei, indem sie dem austrozentrisch-josephinischen Weltbild der Wiener Elite bürgerlich-(deutsch)national-idealistisches Gedankengut entgegensetzten. Im Zusammenhang mit Weihnachten heißt das: Der Verbreitung des Christbaums kam im Rahmen der „Verbürgerlichung" der Wiener Gesellschaft eine ausgeprägte Indikatorfunktion zu. Die bürgerlich-„moderne" protestantische Festgestaltung, beeinflußt durch die neue Theologie Friedrich Schleiermachers, setzte sich gegen den konservativen katholischen Ritus durch, wobei

Ferdinand Lukas Schubert (1794–1859), der Bruder von Franz Schubert, vertonte eines der ersten Wiener Gedichte zum Thema „Christbaum".

die entscheidenden Impulse von „zugereisten" jüdischen und protestantischen Familien gesetzt wurden. Zum zentralen Symbol der neuen Festkultur wurde der Christbaum, im Glanz des Lichterbaums setzte ein tiefgreifender Wandel im „Inhalt" des Festes ein: Der Heilige Abend wurde zur „häuslichen Gemütsfeier" (Dieter Schellong) der bürgerlichen Familie, die Glaubensinhalte des Kirchenfests - der eigentliche Anlaß - traten zunehmend in den Hintergrund.

Noch mehr „erste" Christbäume ...

Eine Schlüsselrolle bei der Einführung des Christbaums in Wien wird im allgemeinen Henriette von Nassau-Weilburg (1797-1829), der jungen Frau Erzherzog Carls, des Siegers von Aspern, zugesprochen. Die „schöne Protestantin" hatte es in harter Auseinandersetzung mit dem Wiener Hof durchgesetzt, daß sie auch nach der Hochzeit ihrem Glaubensbekenntnis treu bleiben durfte - nach diesem Sieg über die strenge habsburgische Familienraison ließ sie es sich auch nicht nehmen, das Weihnachtsfest des Jahres 1816 im erzherzoglichen Palais auf der Seilerstätte 30 so zu begehen, wie sie es aus ihrer Heimat kannte: mit einem festlich geschmückten Christbaum. Die Überlieferung berichtet, daß Henriette ihre Überraschung in aller Heimlichkeit vorbereitete und dafür sogar den passenden weihnachtlichen Schmuck aus dem heimatlichen Weilburg an der Lahn kommen hätte lassen - wie auch immer: Die Christbaum-Premiere wurde zu einem großen Erfolg: Schwager Kaiser Franz I. und seine Familie, traditionellerweise am Heiligen Abend als Gäste geladen, waren vom Anblick des strahlenden Lichterbaums tief beeindruckt, angeblich gab der Monarch sogar die Anweisung, auch in der Hofburg einen Christbaum aufzustellen.

Doch es gab auch kritische Geister in der kaiserlichen Familie, die diese „Revolution" des Weihnachtsfestes, noch dazu initiiert von einer Protestantin, nicht guthießen - allen voran Erzherzog Johann, dem ein scharfer Blick für gesellschaftliche Entwicklungen eigen war und der nur allzu deutlich die Problematik der neuen Mode erkannte: den allmählichen Verlust religiöser Inhalte, die Gefahr eines Abrutschens in immer exzessivere Geschenkorgien. Da er den Winter meist in Wien verbrachte, wurde er von seinem Bruder Erzherzog Carl zur Weihnachtsfeier am Heiligen Abend des Jahres 1823 in die Räumlichkeiten der Albertina eingeladen; in seinem Tagebuch notierte er über dieses wie immer von Henriette vorbereitete Fest: „(...) Abends ging ich mit Bruder Ludwig zu Bruder Carl. Da es Heiliger Abend ist, so waren alle Kinder vereinigt und was von uns da ist versammelt. Obgleich ich einige Freude hatte, alle die Kleinen, welche die Hoffnung des Hauses ausmachen, zu sehen, so verstimmte mich gleich die große Hitze durch die vielen Lichter. In früherer Zeit, als ich klein war, gab es ein Kripperl, welches beleuchtet war, dabei Zuckerwerk – sonst aber nichts. Nun ist kein Kripperl mehr! Wir sahen einen Graßbaum mit vielem Zuckerwerk und Lichteln und ein ganzes Zimmer voll Spielereien aller Art und wahrlich manches sehr Schönes und Vieles, welches in wenigen Wochen zerschlagen, zertreten, verschleppt sein wird und welches gewiß tausend Gulden gekostet. So war das Bett für die Puppen allein, welches 400 fl. Münze soll gekostet haben. Dies verstimmte mich noch mehr. (...) Endlich als wir in das Zimmer meiner Schwägerin gingen und ich Zimmer an Zimmer durchging, keinen Fleck im Hause mehr fand, wie ich es gekannt, alles von einer Pracht mit einem solchen Aufwand gemacht sah, da wurde es mir fremd, ich fand mich so einsam und keinen frohen Blicks konnte ich mehr machen."

Bewußt oder unbewußt schwingt in dieser Tagebuchnotiz Erzherzog Johanns – „Nun ist kein Kripperl mehr!" – auch die wenig erfreuliche Erkenntnis mit, daß durch das Einsickern des Christbaums in die Wiener bzw. später auch in die österreichische Gesellschaft die habsburgische Gegenreformation eine späte Niederlage zu kassieren hatte – jener Prozeß, der 80, 90 Jahre später von deutschen Weihnachtshistorikern als „Weltsieg des Weihnachtsbaums" (E. M. Kronfeld) bejubelt werden sollte, bedeutete zugleich das Aus für liebgewordene, jahrhundertealte Traditionen. Vorbei war es mit Kartenspielen, mit dem Lesseln und Wahrsagen, die fromme und zugleich immens geschäftstüchtige Welt des Christbaums duldete nur mehr diesen selbst neben sich. Wie recht der kritische Habsburger übrigens mit seinen Befürchtungen hatte, zeigt ein von Gustav Gugitz zitierter Hofdamenbrief aus dem Jahre 1846: Dreißig Jahre nach jenem denkwürdigen Weihnachtsabend auf der Seilerstätte tragen die Gabentische am Hofe bereits schwer unter ihrer Last: „Nach der Tafel war Bescherung. Es standen 2 große, schön beleuchtete Tische im Salon I. kgl. Hohheit (Prinzessin Amalie von Schweden). Auf dem Einen 2 Girandoles *à sept bougies* Renaissance Stil, die der Prinz seiner Schwester schenkte und eine in Silber complet eingerichtete Reisecassette *pour la toilette,* welche K. H. dem Prinzen schenkte. Ich erhielt einen schönen silbernen Brotkorb und 12 Vermeiltheelöffel. Nachdem wir uns an den Herrlichkeiten erfreut hatten, fuhren wir in die Burg, um der Bescherung bei der Erzherzogin Sophie (der Mutter Kaiser Franz Josephs) beizuwohnen, die über alle Beschreibung glänzend ist. – Ein großer Baum, der mit hunderten von Lichtern besteckt war und dessen Zweige das schönste Zuckerwerk trugen. Daran reihten sich die mit reichen Gaben besetzten Tische der jungen Erzherzöge, die alles boten, was das Auge erfreuen und den Geist befriedigen kann. Der kl. Ludwig (Erzherzog Ludwig Viktor, 1842–1919) blieb natürlich in den Grenzen der Spielereien, diese waren so wunderschön, daß man selbst gern zum Kinde wurde. Die Damen und Herren bekamen Silber und Geschmeide, es war allgemeiner Jubel" – ein Bericht, der an Problematik gewinnt, wenn man das historische Umfeld dagegenhält: Lebensmittelteuerungen, vor allem die Erhöhung der Brot- und Fleischpreise, stürzten 1846/47 zahlreiche Wiener Familien in den Hunger ...

Inkonsequent und falsch wäre es nun, den Christbaum der jungen Erzherzogin Henriette – wie dies so oft nachzulesen ist –, als „ersten" in Wien zu bezeichnen; er war vielmehr der erste am Wiener Hofe, und als solcher setzte er sicherlich ein Zeichen für die „erste" Gesellschaft Wiens, den Hochadel, im besonderen etwa für die Familie des Staatskanzlers Metternich. Tatsächlich griff man damit aber eine Entwicklung auf, die in der „zweiten" Gesellschaft, dem wohlhabenden Bürgertum, schon früher eingesetzt hatte.

In dieses Bild fügt sich ein Hinweis, auf den Helmut Paul Fielhauer aufmerksam machte: Im 6. Teil des von dem Geistlichen und Juristen Johann Schwerdling herausgegebenen Handbuchs *Praktische Anwendung aller vom Antritte der Regierung S. kais. königl. apostolischen Majestät Franz I. ... in geistlichen Sachen (publico ecclesiasticis) ergangenen Verordnungen* (Krems 1819) kam in der Rubrik „Rechte und Verbindlichkeiten des Geistlichen", § 123, folgende Information für den Klerus zum Abdruck: „Durch Verordnung der Niederösterreichischen Regierung vom 1. August 1815 wurde über das Abstämmeln und Ausgraben der Bäume zum Behuf der Frohnleichnams-prozessionen, Kirchenfeste, Weihnachtsbäume und dergleichen die genaue Beobachtung der Vorschriften des 21. und 32. § der Waldordnung vom 1. July 1813 empfohlen, übrigens aber die Kon(y)fiskazion der Weihnachtsbäume an den Linien Wiens, unter einem durch die Bankalgefälls-Administration eingeleitet."

Mit Recht verweist Fielhauer in seinem Kommentar zu dieser Verordnung darauf hin, daß die franziszeische Bürokratie wohl nicht wegen eines einzelnen aktenkundigen Christbaums reagierte, sondern erst, nachdem das „Problem" einen gesellschaftlich relevanten Umfang angenommen hatte. Tatsächlich erhärtet die Passage bei Schwerdling die Annahme, daß der Bedarf an Christbäumen in den Jahren nach 1810 gestiegen sein mußte, wobei der Begriff „Weihnachtsbaum" noch wenig über den eigentlichen Verwendungszweck der inkriminierten Bäume aussagt – ob sie für Bescherungsfeste neuen Stils gedacht waren oder als Nikolobäumchen, geht daraus nicht hervor.

Immerhin finden sich in den Quellen aus dieser Zeit zahlreiche Hinweise auf weitere Christbäume, die vermuten lassen,

Eine protestantische Prinzessin setzte den Christbaum am Wiener Hof durch: Erzherzogin Henriette von Nassau-Weilburg. Ölgemälde von Sir Thomas Lawrence, begonnen 1829, knapp vor dem Tod der jungen Frau.

daß die Bescherung im Zeichen des Lichterbaums in den Jahren unmittelbar nach dem Wiener Kongreß massiv an Boden gewann – zunächst in den Kreisen zugewanderter Künstler, Intellektueller und Adeliger. So soll die neue Christbaum-Sitte auch in der angesehenen Familie des Freiherrn von Biegeleben gepflegt worden sein, die in der Zeit des Wiener Kongresses aus dem hessischen Darmstadt nach Wien gekommen war. Und der schwedische Schriftsteller Per Daniel Atterbom (1790–1855), der sich zum Jahreswechsel 1818/19 in Wien aufhielt, berichtete in seinen 1859 (in deutscher Sprache 1863) veröffentlichten *Reiseerinnerungen* über einen „angenehmen Weihnachtsabend", den er damals bei dem Landschaftszeichner Ferdinand von Olivier verbracht hätte; „verherrlicht" worden wäre die erbauliche Feier durch einen „prächtigen Christbaum und ein vom Hausvater selbst vorzüglich gemaltes Transparent, Christus in der Krippe vorstellend". Ferdinand von Olivier (1785–1841), geboren in Dessau, ausgebildet in Dresden, war 1811 zusammen mit seinem Bruder Friedrich nach Wien gekommen, beide waren eng befreundet mit dem aus Königsberg stammenden Brüderpaar Ludwig Ferdinand und Julius Schnorr von Carolsfeld – ein protestantischer Künstlerkreis, in dem der Christbaum wohl schon jahrelang bekannt war, der im katholischen Wien jedoch eine Insel ohne Breitenwirkung bleiben mußte.
Aus Frankfurt am Main kam 1817 Jakob Alt (1789–1872), der Vater des Maler und bedeutenden Aquarellisten Rudolf von Alt (1812–1905) nach Wien. An das erste Wiener Weihnachtsfest der Familie im Dezember 1817 konnte sich Rudolf von Alt auch in späten Jahren noch gut erinnern: „An diesen Weihnachtsabend knüpft sich meine reizendste, denkwürdigste Weihnachtserinnerung. Mein Vater, der aus Frankfurt am Main stammte, brachte in diesem Jahre zum ersten Male einen Weihnachtsbaum nach Wien. 1817 kannte man in Wien noch nicht diese wonnesam-traute, erhebend-erhabene Institution. Der Weihnachtsbaum breitete damals wohl schon in Frankfurt seine lieblichen Ästlein über Kinderglück und Kinderwonne, aber noch nicht in Wien. Hier war er ganz fremd, der herrliche Baum, hier hatte man seinen goldigen Schimmer noch nicht kennen und lieben gelernt. Und wenn ich noch so alt werde, ich werde nie, nie diesen ersten, fremden Weihnachtsbaum vergessen. Plastisch und gravitätisch, milde und bezaubernd steht er vor mir – ich sehe ihn, sehe auch mich, den dummen fünfjährigen Jungen, der wahre Freudentänze um dieses neue und doch so sympathische Bäumchen aufführte, der sich nicht zu gute geben konnte über den Glanz, über den Flitter, über all die niedlichen Spielereien. Und wie bezaubernd winkten und blinkten die lieblichen Lichtlein! Wie warfen sie ihren Schein hinein in mein junges, aufnahmsfähiges Herz, wie enthusiasmierten sie mich! Noch

tagelang schwärmte ich von dem neuen Baum und schwor mir, würde ich Maler, in den herrlichsten Farbentönen diesen ersten Weihnachtsbaum in Wien der Nachwelt zu erhalten, in dessen Bild all meine Gefühle, mein Gemüt hineinzulegen. Tat ich es auch? Ich glaube nicht ... Und dann entsinne ich mich auch der verdutzten Gesichter meiner kleinen, winzigen Freundchen und noch kleineren Freundinnen, als ich ihnen erzählte, was neues Papa aus Frankfurt heimbrachte. „Aber wieso?“", „Woher?“, „Warum?“ – so erscholl es voll Neugierde in der jugendlichen Korona. Und nicht früher beruhigte sich der ungestümen Jugend Sinn, sie ruhten nicht früher, als bis ich sie hinaufgeführt zu dem Baume, der schon ganz entkleidet war, aber selbst in seiner trockenen Nüchternheit die Büblein und Mägdlein gefangen nahm. Und dieser Weihnachtsbaum, dieser Frankfurter Weihnachtsbaum des Weihnachtsabends von 1817 gehört zu meinen denkwürdigsten Weihnachtserinnerungen. Er war der erste, der in Wien seinen zauberhaften Lichterglanz ausstrahlte. Der allererste. Denn der Weihnachtsbaum wurde erst viel später in Wien eingeführt.“

Faßt man all diese Hinweise und Berichte zusammen, so ergibt sich folgendes Bild: Mit den nach dem Wiener Kongreß nach Wien ziehenden protestantischen Familien aus Nord- und Mitteldeutschland gelangte auch der Christbaum in die habsburgische Metropole. Innerhalb nur weniger Jahre veränderte sich damit die weihnachtliche Brauchtumslandschaft Wiens entscheidend: Der Christbaum rückte in den Mittelpunkt des festlichen Rituals, eroberte blitzschnell die wohlhabenden bürgerlichen Haushalte; der traditionelle Krippenmarkt wurde durch einen „Christbaummarkt“ (Franz Grieshofer) ersetzt. Als im Dezember 1836 die englische Reisende Frances Trollope in Wien weilt, ist der Christbaum aus der vorweihnachtlichen Stadt nicht mehr wegzudenken: „An jeder Straßenecke sieht man Frauen aus den niedrigen Ständen um Christbäume feilschen, die mit buntem Papier herausgeputzt sind. Diese Bäume werden in jeder Größe und für jeden Preis fast von jeder Familie in Wien, die noch Kinder hat, gekauft. Auch ist diese Sitte keineswegs der Hauptstadt eigentümlich; wie man mir sagt, gibt es keine Hütte in Österreich, die nicht etwas der Art hat, um diese freudenreiche Zeit zu feiern. Der Baum heißt der ‚Baum des Jesukindes‘, und an den Zweigen hängen allerlei niedliche Spielsachen, Bijous und Bonbons, welche unter die beim Feste Anwesenden verteilt werden. An den Bäumen, die auf der Straße verkauft werden, wird der Platz kostbarer Geschenke mit Äpfeln, Rosinen, Kastanien oder Pfefferkuchen behangen; alle aber sehen mit ihrem bunten Papierschmucke gefällig und feiertagsmäßig aus. Ich habe in dem Antlitze mancher armen Frau, welche zwischen Zweigen, die mit rotem, und anderen, die mit blauem Papier geschmückt waren, schwankte, genau ebensoviel Freude gesehen, wie sie nur die reichste Dame empfinden konnte, während sie die elegantesten und kostbarsten Geschenke für ihre Verwandten und Freunde aussuchte."

Weihnachten bei Karoline Pichler

Eine ähnlich kritisch-distanzierte Haltung den neuen Weihnachtsritualen gegenüber wie Erzherzog Johann nahm Franz Grillparzer ein. Als Autor der im Jänner 1817 am Hofburgtheater zur Uraufführung gelangenden *Ahnfrau* ging ihm bereits erster Dichterruhm voraus, als er von seinem väterlichen Freund und Förderer Joseph Schreyvogel, dem Dramaturgen des Burgtheaters, im Sommer 1815 im Salon von Karoline Pichler eingeführt wurde. Das weltoffene Haus der Familie Pichler, nach jenem der Fanny von Arnstein wichtigster literarischer Treffpunkt der Hauptstadt, war so ganz nach dem Geschmack des jungen Feuergeists, der hier bald ein und aus ging. Karoline Pichler, schriftstellerisch erfolgreich, umfassend gebildet und aufgeschlossen, war ihrerseits häufig Gast in den Salons der Baroninnen Arnstein-Pereira und Eskeles und lernte hier wohl auch den Christbaum als Mittelpunkt des neuen Weihnachtsbrauchtums kennen. Ohne viel Aufhebens davon zu machen, übernahm die angesehene „First Lady" der zweiten Wiener Gesellschaft diese Sitte; in ihren *Denkwürdigkeiten aus meinem Leben* (Wien 1844) erzählte sie Jahrzehnte später, wie in diesen Jahren der Restauration feudaler Kräfte Weihnachten gefeiert wurde: „Wir pflegten alle Jahr eine kleine Weihnachtsfeier bei uns zu halten. Ein Baum wurde mit Lichtern u.s.w. geschmückt, und der nähere Kreis der Freundinnen und Bekannten meiner Tochter mit kleinen Gaben beschenkt, welche meist in Kindereien, in Anspielung auf vorwaltende Verhältnisse bestanden." Grillparzer, als enger Freund der Hausherrin selbstverständlich eingeladen, war von diesen harmlosen Scherzen jedoch überraschenderweise eher peinlich berührt: „In diesem Winter (1818/19), in dem Grillparzer so wie im vorhergehenden, als einer der werthesten jüngern Bekannten, ebenfalls beschenkt wurde, hatte ich für ihn, der eben mit frischem Lebensmuthe an seiner Medea arbeitete, einen Kupferstich, der den Theseus im Kampf mit dem Minotaurus vorstellte, gewählt (...)." Einige gutgemeinte Verszeilen, die Karoline Pichler, diesem Stich beigegeben hatte, verstimmten Grillparzer vollends: „So wohl und herzlich gemeint diese Worte waren, schienen sie den Dichter doch ehr trüb als froh zu stimmen, und es ging mit dieser kleinen Gabe, so wie mit manch andern Versuch in dieser Zeit, der bestimmt war zur Aufheiterung, zur Herstellung des alten zwanglosen Verhältnisses wie es früher zwischen uns geherrscht hatte, beizutragen; es mißglückte und

In ihrem Haus in der Spiegelgasse 21 lernte Franz Grillparzer das „neue“ Weichnachtsfest mit Bescherung und Christbaum kennen: Kathi Fröhlich. Stich nach einer Miniatur von Moritz Michael Daffinger.

schien gerade das Gegenteil, Mißmuth und Entfremdung hervorzubringen; ja, es war als berührte ihn schon jetzt die Vorahnung eines unseligen Ereignisses, das bald darauf eintrat (Tod der Mutter – Anm. d. Verf.).“

Grillparzers Heilige-Abend-Stimmung zeigte sich aber auch in späteren Jahren von notorischer Düsterkeit geprägt. Den Salon der vaterländisch gestimmten Karoline Pichler in der Alservorstadt hatte er nun vertauscht mit dem Haus der Schwestern Fröhlich in der Spiegelgasse. Diese luden ihn zur Feier des Heiligen Abends 1831 zum gemeinsamen Fest. Alles verlief zunächst harmonisch, allein mit ihrem Geschenk dürfte auch Kathi Fröhlich jedoch nicht ganz den Geschmack des sauertöpfischen Weihnachtsmuffels getroffen haben, wie eine mißmutige Tagebucheintragung Grillparzers vom 27. Dezember 1831 zeigt: „Einen Christbaum bei Fröhlich mitgemacht und Bescherungen erhalten, wobei mich die Oberflächlichkeit und Geschmacklosigkeit des von Kathi mir bestimmten Geschenkes äußerst unangenehm berührte. Zweimal im Begriffe gewesen, den Stein des Anstoßes geradezu auf die Straße wegzuwerfen, nur um des widerlichen Eindruckes los zu werden. Ich habe es nicht gethan. Es war ein allerdings nicht zu verwerfendes Gefühl, was mich daran hinderte“ – die Anmerkung verrät nicht nur einiges über die düstere Seelenlage ihres Autors, sondern auch über Stand der Wiener Weihnachtsbaum-Rezeption zu Beginn der dreißiger Jahre: Offensichtlich war „einen Christbaum mitmachen“ bereits zur gängigen Wendung geworden, die *pars pro toto* die „moderne“ Auffassung und Umsetzung von Weihnachten beschrieb. Im Zentrum des Vorstellungsfeldes stand bereits – zehn Jahre nach der Wienerwald-Expedition des Heinrich Anschütz – der Christbaum, als Symbol für das „Fest des Lichtes und des Sieges“ (Paulus Cassel) war er aus den bürgerlichen Wohnzimmern nicht mehr zu verdrängen.

Heinrich Anschütz

Die Christbaum-Suche

1821 kam der Schauspieler Heinrich Anschütz (1785-1865), geboren in Luckau in der Niederlausitz, nach Wien; von seiner schlesischen Heimat her gewohnt an den hell geschmückten Tannenbaum, wollte er dieses „liebliche" Symbol auch bei seinem ersten Weihnachtsfest in der habsburgischen Metropole nicht missen - doch siehe da: Die katholischen Wiener standen seinem unschuldigen Ansinnen ziemlich hilf- und ratlos gegenüber. In seinen „Erinnerungen", erschienen posthum 1866, erzählt der berühmte Burgtheatermime, Jahrzehnte hindurch ein Liebling des Wiener Publikums, von der großen Verwunderung, die er mit dem Kauf eines Weihnachtsbaums in diesem ersten Jahr seines Wien-Aufenthalts erregte.

Ich hatte Ende 1821 das erste Christfest in Wien zugebracht. Für einen Abkömmling protestantischer Eltern gehört das Bescherungsfest und die Feier der Sylvesternacht beinahe zu den Cultusgegenständen. Auf mich hatten sie von Kindesbeinen an ein ehrwürdigen Eindruck gemacht. Die ideale Richtung meiner Natur, der Reiz, den das Wunderbare und Märchenhafte von jeher auf meine Fantasie ausgeübt hatte, ließ mich mit der Weihnachtsfeier einen poetisch religiösen Grundgedanken verbinden und die Gegenwart trat fast in den Hintergrund, wenn süß die geheimnisvolle Zeit heranrückte. Ich war immer ein großer Kinderfreund gewesen. Kaum hatte ich daher einen eigenen Haushalt gegründet, als ich mich beeilte, dem Bedürfnisse meines Herzens zu folgen und die Christbescherung in immer größeren Dimensionen zu begehen. Hier konnte ich über meine Kräfte verschwenden.
Als ich nun zur Weihnacht 1821 die vorbereitenden Einkäufe besorgen wollte, war ich nicht wenig erstaunt, auf beinahe gänzliches Unverständnis dieser lieblichen Feier zu stoßen. Es kostete mir Mühe ein Tannenbäumchen aufzutreiben. Als ich mein Verlangen auseinandersetzte, hörte ich an allen Verkaufsorten die verwunderte Frage: „Christbescherung? Was ist das? Ah, Sie meinen den Niklo? ..."

Ich befand mich allerdings in einem katholischen Lande, wo man eigentlich von diesem Feste keine Notiz nimmt. Es war ja in Frankreich nicht anders. Dennoch wunderte ich mich, daß das lebensfrohe, fast kindliche Wien nicht längst eine freundliche Sitte nachgeahmt hatte, welche durch die Gemahlin des Erzherzogs Karl doch schon bekannt sein mußte. Und doch hatte dieses unvergleichliche Kinderfest factisch noch keine rechte Verbreitung gefunden. Ich war eine bekannte Persönlichkeit, meine Einkäufe und Anstalten fielen auf, ein Freundeskreis, der die Vorbereitung meiner Mysterien mit Interesse beobachtete, hatte nichts Eiligeres zu tun, als meinem Beispiel noch in demselben Jahre zu folgen, und ich kann wirklich sagen, daß mein Eintritt in Wien nicht wenig dazu beigetragen hat, das Christfest so schnell in allgemeine Aufnahme zu bringen, denn schon im nächsten Winter wurden förmliche Waldungen nach Wien geschleppt, und alle Spielwarenhändler und Kaufleute richteten sich für die neuen Marktbedürfnisse ein ...

Bestätigt wurde Heinrich Anschütz, unter dessen Gästen am Heiligen Abend 1821 sich unter anderem auch Franz Schubert befand, später von seiner Enkelin Emilie Koberwein, die Näheres von seiner mühevollen Suche nach einem Weihnachtsbaum zu berichten wußte:

Mein Großvater kam bekanntlich 1821 mit seiner Familie nach Wien. Er war aus seiner Heimat gewohnt, am heiligen Christabend einen Christbaum auf dem Tische aufzustellen, der mit Flitterwerk geziert war, und die an demselben angebrachten Kerzen vor dem Abendessen anzuzünden. Damals gab es in Wien noch keinen Christkindelmarkt und waren auch keine Tannenbäume in der Stadt zu kaufen. Mein Großvater fuhr also selbst in eine benachbarte Ortschaft, ich glaube in die Brühl bei Mödling – ganz genau weiß ich dies nicht mehr – gab einem Bauern ein gutes Trinkgeld und brachte dafür einen mittelgroßen Tannen- oder Fichtenbaum mit nach Hause, den er zuerst vor den Kindern verbarg und dann heimlich schmückte, und am Christabend wurde derselbe angezündet und hierauf die Familie in das bisher verschlossene Zimmer eingelassen. Am Fuße des Christbaumes war eine kleine Krippe aufgestellt mit der heiligen Familie, dem Gloriaengel, den Hirten im Tale und der Erde usw. Der Großvater hielt dann gewöhnlich eine kurze, herzliche Ansprache, nach welcher alle Familienmitglieder und die Dienstboten Christgeschenke erhielten.

Weihnachtsfest bei einer adeligen Familie: Federlithographie, erschienen im Verlag Trentsensky, um 1833/37. Das Blatt trug die bezeichnenden Verse: „Wie doch der Kleine den Christbaum liebt./Wohl dem, der hat; der hat, der gibt."

Eduard von Bauernfeld

Der Vater am Christabend

Der Hofkammerbeamte Bauernfeld (1802–1890), angesehener Lustspielautor des Vormärz, befreundet mit Grillparzer, war einer der ersten, der den mit der Neudefinition von Weihnachten als Familienfest anfallenden „Weihnachtsstreß“ in wohlgesetzten Versen dokumentierte.

Ei, wie wimmeln nun die Straßen
von den froh bewegten Mengen!
Durch die dichtgereihten Massen
will sich auch ein Stiller drängen.

Seht, ein Bäumchen in den Händen,
biegt er um des Hauses Ecke,
eilt, daß er das Werk vollende
und zur Zeit es noch verstecke!

Was nun will sein Lächeln meinen,
wie er zündet jetzt das Licht?
Allen Jubel seiner Kleinen
trägt er schon im Angesicht.

Frances Trollope

Weihnachtsbescherung bei Fürstin Metternich

Im September 1836 trifft eine der ungewöhnlichsten Frauen des 19. Jahrhunderts, die englische Schriftstellerin und unermüdliche Reisende Frances Milton Trollope (1780–1863), in Wien ein. Obwohl sie im Jahr zuvor ihren Mann und zwei Kinder verloren hat, ist sie vom Abenteuer eines Wien-Aufenthalts nicht abzubringen. Da sie als überzeugte Konservative gilt, gelingt es ihr über den englischen Gesandten ohne Schwierigkeiten, Zutritt zur Familie des Fürsten Metternich zu finden. Melanie Metternich notierte in ihrem Tagebuch über die 56jährige Britin: „Sie ist eine gutmütige Frau, sehr einfach und natürlich, eine aufmerksame Zuhörerin und für jeden Beweis von Teilnahme dankbar. (...) Sie hat die Eroberung meines Mannes und er, wie mir scheint, auch die ihrige gemacht" – eine gegenseitige Sympathie, die zur Folge hat, daß Frances Trollope am Heiligen Abend 1836 zur Weihnachtsfeier der Fürstin Metternich geladen wird.

Einer der Vorzüge der Wiener Gesellschaft ist, daß man sich pünktlich zur festgesetzten Stunde einfindet: eine Gewohnheit, die wir, leider, nicht mit uns brachten, denn wir kamen häufig auch bei Veranstaltungen zu spät, so daß wir manchmal den Anfang versäumten. So war es auch am Heiligen Abend. Aus Furcht, zu früh zu kommen, entging uns das erste glückliche Hereinstürmen der Kinder, nachdem das Zeichen gegeben wurde, daß der „Christbaum" angezündet sei. Leider erreichten wir die Gesellschaft erst, als alles, was zu dieser reizenden Feier gehörte, schon im vollen Gange war.

Der große runde Eßtisch stand in der Mitte des großen Salons und auf demselben ein Fichtenbaum, der fast bis zur Decke reichte. Auf den Zweigen desselben waren unzählige kleine Wachslichter angebracht, so wie die Andächtigen damit den äußeren Rand der Heiligtümer, vor denen sie beten, zu schmücken pflegen. Über, um und unter dieser funkelnden Milchstraße von kleinen Sternen hingen an bunten Bändern eine unzählige Menge von Bonbons und anderen niedlichen Dingen, die in ihren Strahlen glänzten. Sie losmachen und sie unter die Gesellschaft verteilen, war für den Schluß der Feier vorbehalten; einstweilen aber umstand ein schöner Kreis von Kindergesichtern, strahlend vor Wonne, den großen Tisch, wo sie in dem einen Augenblick den funkelnden Glanz des Baumes betrachteten und in dem andern mit noch größerem Entzücken jedes ein Geschenk von dem reichen Überflusse an Spielsachen erhielt, die entweder den Tisch bedeckten oder rings um ihn aufgestellt waren. Alsbald wurde die Scene noch lebendiger. Hier wurde ein großes hölzernes Pferd durch seinen glücklichen Besitzer in lebhafte Bewegung gesetzt. Dort war ein Kegelspiel in voller Tätigkeit. Auf der einen Seite ließ ein kleiner Prinz in vollem Kutscherkostüm seine Peitsche über die Köpfe seiner hölzernen Pferde knallen, und auf der andern machte ein liebliches kleines Mädchen Bekanntschaft mit einer prächtigen Puppe. Winziges Teegeschirr und Tischgeschirr, Kabinette und Bibliotheken en miniature und eine Welt von andern Dingen, an die ich mich nicht namentlich zu erinnern vermag, war schnell unter eine so glückliche Schar niedlicher Geschöpfe verteilt, als nur je an einem Christabende blickten und vor Freude strahlten. –

Unter ihnen war die Herrin des Festes nicht die am mindesten bezaubernde. Es gibt Menschen, welche, wenn sie Freude gewähren, in ihrem eigentlichen Element zu schweben scheinen und dabei zu einem innigeren Gefühle des Lebens und der Lust erwachen, als bei jeder anderen Veranlassung. Die Fürstin Metternich gehört zu diesen himmlischen Wesen, und ich weiß aus guter Hand, daß sie dies nicht bloß an einem jour de fête beweist. Außer den schönen Metternichschen Kindern war eine zahlreiche Familiengesellschaft versammelt. Die Gräfin Zichy-Ferraris, Mutter der Fürstin, die Gräfin Szechenyi und die Fürstin Odescalchi, zwei andere ihrer Töchter, dann der Graf und die Gräfin Sandor, welche Dame eine Tochter des Fürsten Metternich von seiner ersten Gemahlin ist, befanden sich darunter.

Nachdem an alle Kinder Geschenke ausgeteilt worden waren, bemerkte ich, daß der Baum sein Licht auf andere Beweise der Zuneigung und des Wohlwollens werfe. Viele sehr elegante Geschenke wurden von der Fürstin unter ihre Umgebung verteilt. Niemand der Anwesenden war vergessen, und das schöne Stammbuch, welches sie mir gab, war mir doppelt willkommen – erstens, weil es ein Geschenk von ihr war, und zweitens, weil es mir guten Anlaß zum Sammeln von Autogrammen gab, welche auch ein weniger kostbares Buch wertvoll gemacht hätten.

Nachdem der Tisch von seinen vielen und verschiedenartigen Schätzen geräumt worden war, wurde der Baum nicht ohne Schwierigkeit auf den Boden gehoben und die an seinen erleuchteten Zweigen hängenden Bonbons herabgenommen und unter die tanzende und jubelnde kleine Schar verteilt, welche ihrer harrte. Während ich den Glanz und die sinnreichen Verzierungen des Baumes bewunderte, sagte die Fürstin zu mir: „Der Portier unten hat auch einen solchen Baum, und verlassen sie darauf, er hat genau einen so glücklichen Kreis um sich, wie es der meinige ist.

In dieser Einschätzung täuschte sich die Fürstin jedoch: In den ärmeren und armen Familien war der Tannenbaum um 1830 noch immer etwas Ungewöhnliches und wenig bekannt. Erst in den folgenden beiden Jahrzehnten - bis zur Revolution von 1848 - eroberte der Christbaum auch die kleinbürgerlichen Haushalte, etablierte er sich quer durch alle Gesellschaftsschichten endgültig als das weihnachtliche Festsymbol schlechthin. Frisch geschnittene Christbäume beherrschten von nun an zur Adventzeit das Weichbild der Stadt; um 1900 sollen alljährlich über eine Million Christbäume nach Wien gebracht worden sein; besonders gute Geschäfte machten dabei die Verwaltungen der Fürstlich Liechtenstein'schen und Schwarzenberg'schen Wälder, zahlreiche Bäume kamen aus Böhmen, Mähren und Ungarn, ja, selbst aus den weiten Forsten des abgelegenen Siebenbürgen gelangten junge Fichten und Tannen in die habsburgische Residenz.

Adalbert Stifter

Vom Christkinde

Als 21jähriger Student der Mathematik war Adalbert Stifter 1826 nach Wien gekommen, lernte hier seine Frau Amalie Mohaupt kennen und verdiente seinen Lebensunterhalt mehr schlecht als recht als Vorleser und Hauslehrer; erst 1840 gelang ihm mit Erzählungen der Durchbruch als Dichter. In seiner berühmt gewordenen Stadtbeschreibung aus dem Jahre 1844 „Wien und die Wiener in Bildern aus dem Leben" konnte er auf den Christbaum bereits als selbstverständliches Requisit zurückgreifen.

Ist Pfingsten das liebliche Fest und Ostern das erhabene, so ist Weihnacht das herzinnige. Es ist das Fest des Kindes, des ewigen, des heiligsten, des allmächtigen, des liebreichsten Kindes, des Königs der Kinder. Und in welche Zeit des Jahres fällt das Fest! Wenn zu Pfingsten alles grünt und duftet, wenn zu Ostern Feld und Garten und Wald sich zu dem holden Lenze rüsten, so ist die Weihnacht zu der Zeit des kürzesten Tages und der längsten Nacht. Und dennoch, wie ahnungsreich und herzerfüllend ist die Zeit! Wenn der tiefe, weiße, makellose Schnee die Gefilde weithin bedeckt und an heitern Tagen die Sonne ihn mit Glanz überhüllt, daß er allerwärts funkelt; wenn die Bäume des Gartens die weißen Zweige zu dem blauen Himmel strecken und wenn die Bäume des Waldes, die edlen Tannen, ihre Fächer mit Schnee belastet tragen, als hätte das Christkindlein schon lauter Christbäume gesetzt, die in Zucker und Edelsteinen flimmern: so schlägt das Gemüt der Feier entgegen, die da kommen soll. Und selbst wenn düstre, dicke Nebel die Gegend decken oder in schneeloser Zeit die Winde aus warmen Ländern bleigraue Wolken herbeijagen, die Regen und Stürme bringen, und wenn die Sonne tief unten, als wäre sie von uns weg zu glücklicheren Ländern gegangen, nur zuweilen matt durch den Schleier hervorblickt, so würden fromme Kinder den Glanz durch den Nebel oder durch die bleigrauen Wolken ziehen sehen, wie das Christkindlein durch sie hinschwebt, wenn sie nur eben zu der Zeit hinaussähen, da das Christkindlein vorüberschwebt; denn das Christkindlein rüstet sich auch schon lange Zeit

Bescherung. Kreidelithographie in „Orbis pictus", einem beliebten Lern- und Unterhaltungsbuch von Heinrich Grünewald, 1841.

zu seinem Geburtsfeste, um den Kindern zu rechter Zeit ihre Gaben zu bescheren. Und endlich kommt die heilige Nacht. So kurz die Tage sind, so hat doch an diesem Tage die Nacht gar nicht kommen wollen und immer dauerte der Tag. Das Christkind aber gibt die Gaben nur in der Nacht seiner Geburt. Und sie ist jetzt gar wirklich gekommen, diese Nacht. Die Lichter brennen schon in dem schönen Zimmer der Stadtleute, auf der Leuchte in der Stube der alten Waldhütte brennt der Kien oder es brennt ein Span in seiner eisernen Zange auf einem hölzernen Gestelle. In dem Zimmer mit den Lichtern oder in der Stube mit dem brennenden Kien oder dem brennenden Span harren die Kinder. Da kommt die Mutter und sagt: „Das Christkindlein ist schon dagewesen."

Und nun öffnen sich die Flügeltüren und die Kinder und alle, die gekommen sind, die Freude zu teilen, gehen in das verschwiegene Zimmer. Dort steht der Baum, der sonst nichts als grün gewesen ist. Jetzt sind unzählige flimmernde Lichter auf ihm und bunte Bänder aus Gold und unbekannte Kostbarkeiten hängen von ihm nieder. Und der Gaben ist eine Fülle auf ihm, daß man sich kaum fassen kann. Die Kinder sehen ihre liebsten Wünsche erfüllt und sogar die Erwachsenen und selbst der Vater und die Mutter haben von dem Christkinde Geschenke erhalten, weil sie Freunde der Kinder sind und die Kinder lieben. Die Bangigkeit der Erwartung geht jetzt in Jubel auf und man kann nicht enden, sich zu zeigen, was gespendet worden ist. Man zeigt es sich immer wieder und immer wieder und freut sich, bis der Erregung die Ermattung folgt und der Schlummer die kleinen Augenlider schließt.

Und wenn die Millionen Kinder, die in dieser Nacht beteilt worden sind, schon in ihren Bettchen schlummern und ihr Glück sich noch in manchem Traume nachspiegelt und nun von dem hohen Turm des Domes in der großen Stadt die Schläge der zwölften Stunde der Nacht herabgetönt haben, so erschallt das Geläute der Glocken auf allen Kirchtürmen der Stadt und das Geläute ruft die Menschen in die Kirchen zum mitternächtlichen Gottesdienste. Und von allen Seiten wandeln die Menschen in die heiligen Räume. Und in dem hohen gotischen Dome strahlt alles von einem Lichtermeer; und so groß das Lichtermeer ist, das weit und breit in den unteren Räumen des Domes ausgegossen wird, so reicht es doch nicht in die Wölbung empor, in welche die schlanken Säulen oben auseinandergehen, und in jenen Höhen wohnt erhabene Finsternis, die den Dom noch erhabener macht. Der hohe Priester des Domes und die Priesterschaft feiern den Gottesdienst. Und so heilig ist das Fest, daß an diesem, und nur an diesem allein, jeder katholische Priester dreimal das heilige Meßopfer vollbringen darf. Und wenn schon die Baukunst in den zarten Riesengliedern des Domes dem Gottesdienste als Dienerin beigegeben ist, wenn die tiefe Pracht der kirchlichen

Gewänder dem Feste Glanz gibt: so tönt auch die Musik in ihren vollen Wellen und in kirchlichem Ernste, von dem Chore tadellos dargestellt, hernieder. Und wenn die heilige Handlung vorüber ist, zerstreuen sich Priester und Laien, die Lichter werden ausgelöscht und der Dom ragt finster zu dem Monde, wenn er am Himmel scheint, oder zu den Sternen oder gegen die dunklen, schattenden Wolken.

Und wie in dem Dome, so wird in allen Kirchen der großen Stadt mit den Mitteln der Kirche das heilige Mitternachtsfest gefeiert, soweit die Mittel und der Eifer und die Andacht reichen. Und in jeder Kirche ist die gläubige Menge und feiert das Fest.

Wie um Mitternacht in der Weihnacht die Glocken der großen Stadt zum Gottesdienste rufen, so rufen auch in derselben Stunde alle Kirchenglocken der kleineren Stadt, der kleinsten Stadt, des Marktfleckens, des Dorfes, es rufen die Glocken aller Kirchen zu dem heiligen Feste. Und es sind Millionen Tempel, in denen man das Geburtsfest des heiligen Kindes begeht. Und wie die Mitternacht von Osten gegen den Westen herüberrückt, so rückt das Geläute von Osten gegen den Westen, bis es an das Meer kommt. Dort macht es eine Pause und beginnt nach einigen Stunden jenseits des Ozeans.

Am nächsten Tag haben die Menschen ihre festlichen Gewänder an, es ist Weihnachtstag. Der Taggottesdienst wird noch gehalten und in der ärmsten Hütte wird auf den Mittagstisch gestellt, was die Kräfte vermögen. Und wie an diesem Tage das Heil in die Welt gekommen ist, so wird von ihm an auch wie zur Versinnbildlichung der Winter, wenn gleich kälter, doch klarer, die Tage wachsen und alles zielt auf ein fröhliches Auswärts.

Das Wahrzeichen der Stadt in romantischer Darstellung: St. Stephan in einer Winternacht

Zu Besuch bei der Frau Godel

Untrennbar verbunden mit der Alt-Wiener Weihnachtswelt und heute zu fernen Legende geworden ist die Tradition des Krippenspiels. Besonders heiß geliebt wurden die phantasievollen Darbietungen dieser – oft mit aufwendigen und komplizierten Mechanismen ausgestatteten – „Theater" von den Kindern, die – glaubt man den Quellen – mit großer Begeisterung dem in Bild und Pantomime eindrucksvoll präsentierten biblischen Geschehen folgten.

Ursprünglich hatte das „Krippelspiel" nichts mit mechanischen Effekten zu tun – die Krippen, die man mit Beginn des Advents aufzustellen pflegte, wurden so wie überall mit unbeweglichen, mehr oder minder dekorativ gestalteten Figuren arrangiert; in einer Zeit, in der es noch keinen Christbaum gab, konzentrierte sich alles auf diese plastische Vergegenwärtigung des Weihnachtsmysteriums. Allmählich, zu Beginn des 18. Jahrhunderts, wurden die Krippen lebendig, findige Künstler entdeckten immer neue Möglichkeiten für überraschende „Spezialeffekte". Auch das barocke Wien stand hierin nicht zurück: So berichtet das *Wiener Diarium* im Jahre 1716 von einem „sehr schönen Krippelein" in der Pfarrkirche zu St. Anna und den Vierzehn Nothelfern in Lichtenthal, „in welchem neben einer hochspringenden Wasserkunst, Fisch-Teicht und durchs Wasser getribener Stämpff-Mühlen, ein aus dem Gewölk mit dem Gloria in excelsis Deo herabfliegender Engel und allerhand andere sich bewegende Figuren, auch alle Geheimnussen der Kindheit Christi durch den Licht-Schatten künstlich vorgestellet" würden.

Wie mühsam Konzeption und Bau eines solchen Krippenspiels auch sein mochten, wie teuer die Requisiten – das Geschäft mit den theatralisch inszenierten Bibelgeschichten florierte hervorragend, und die Investitionen wurden meist schnell wieder eingespielt. Geschickte Marionettenspieler verstanden es, die verblüffenden mechanischen Effekte in originelle Handlungsabläufe zu kleiden, die vom neugierigen Publikum entsprechend beklatscht wurden. Gleichsam zur Institution unter den Wiener Krippenspielen wurde jenes der „Frau Godel" in der Lerchenfelder Straße 48 – selbst Mitglieder des Hofs sollen sich hier – in der tiefsten Vorstadt – diesem speziellen Wiener Weihnachtsvergnügen hingegeben haben. Wer war aber nun die „Frau Godel", der Wien eine solch einzigartige Attraktion verdankte? Emil Karl Blümml und Gustav Gugitz, die beiden Altmeister der Wiener kulturgeschichtlichen Forschung, stellten in ihrer Monographie über *Alt-Wiener Krippenspiele* die Details zu ihrer Person zusammen: Barbara Müller (1711–1789), die Gattin eines Richters und Strumpfwirkers, führte ihr Krippenspiel in der damaligen „Strozzischen Hauptstraße" im Haus „Zum goldenen Adler" von 1748 bis 1786 ohne Unterbrechung. Diese Leistung ist umso höher zu beurteilen, als die öffentliche Meinung in maria-theresianischer Zeit über die Krippenspiele zunächst nicht die beste war – die Marionettenkünstler standen in dem Ruf, mitunter auch derbe Späße und Zoten in ihre Vorführungen aufzunehmen, um nur genug Publikum anzulocken. Barbara Müller ließ sich von diesen Diskussionen um ihre Kunst offensichtlich nicht beirren und konnte 1774 ihr Krippenspiel erstmals hochoffiziell im *Wiener Diarium* ankündigen: „Es wird allen hoh- und niedern Standes resp. Liebhabern zu wissen gemacht: daß mit Bewilligung einer hohen, geist- und weltlichen Obrigkeit die durch verschiedene Jahre bei dem k. k. Hofe produzierte Krippe vom 4. Dezember an bis zu Ende der Faßnacht täglich um 2 Uhr, an Sonn- und Feiertägen aber etwas später angefangen und bis späten Abend continuiert, im alten Lerchenfeld beim goldenen Adler wird vorgestellet werden. Auch werden einige, noch nie gesehene Stücke zum Vorschein kommen, welche den resp. Zusehern vollkommenes Vergnügen verschaffen werden" – ein Versprechen, das die geschäftstüchtige Frau Godel wohl auch halten konnte: Für 1777 melden die zeitgenössischen Quellen, daß sie bereits 31 Maschinen in ihr Krippenspiel integriert habe und den Spielplan weiter ausbaue – der Höhepunkt des Erfolgs war erreicht, ihr „Theater" zur Institution geworden.

1786 verkaufte Barbara Müller das Krippenspiel – aus gesundheitlichen Gründen, vermutlich aber auch unter dem zunehmenden Druck der josephinischen Kritik, wobei sich Joachim Perinet besonders hervortat – an einen Kaffeesieder namens Johann Lang, der mit dem Unternehmen in die Lerchenfelder Straße 38, damals Strozzische Hauptstraße 7, übersiedelte und es unter dem Namen „Zur Frau Godel" tatkräftig weiterführte. Von Lang, der 1803 starb, übernahm 1801 der Krippenspieler Josef Schweger (Schwäger) das Haus; unter den Gästen im Dezember 1801 war auch Joseph Richter, der Autor der berühmten Eipeldauerbriefe. Richter über seine Eindrücke bei der Frau Godel: „Da bin ich die Täg in Krippelspiel gwesen und da wars zum Erdrucken voll. Sie müssen ein guten Maschinmaster haben; denn d'Verwandlungen gehn wie der Wind und es bleibt nichts stecken. – Auf d'letzt kommt sogar ein Ballet vor, bei dem können sich aber d'Schneider nicht viel machen; denn d'Kleider von Tanzerkorps sind schon seit drei Jahrn

Ein Anschlagzettel des Altlerchenfelder Krippenspiels von Adolf Kollarz

d'nämlichen und d'hölzernen Mandeln müssen ein Bissl delikater damit umgehn als unsre Lebendigen; denn sie sind noch alle funkelneu. Aber mir hat nichts besser g'falln, als d'allgemeine Stille von Zuschauern. Allein, das geht ganz natürlich zu; denn im Krippelspiel gibts ja keine Loschen; und wenn die klein Kinder was z'sehn haben, so halten sie sich immer ruhiger als die großen Kinder." Der wie immer etwas krampfhaft originell sein wollende Bericht des Eipeldauers bestätigt immerhin, daß die Anziehungskraft des Krippenspiels auf die Wiener auch zu Beginn des 19. Jahrhunderts ungebrochen war und das Publikum sich tatsächlich zum Großteil aus Kindern rekrutierte. Diese erstaunliche Konjunktur des Krippenspiels in Wien sollte noch einige Jahrzehnte lang anhalten, zahlreiche Unternehmen sind für diese Zeit bezeugt.

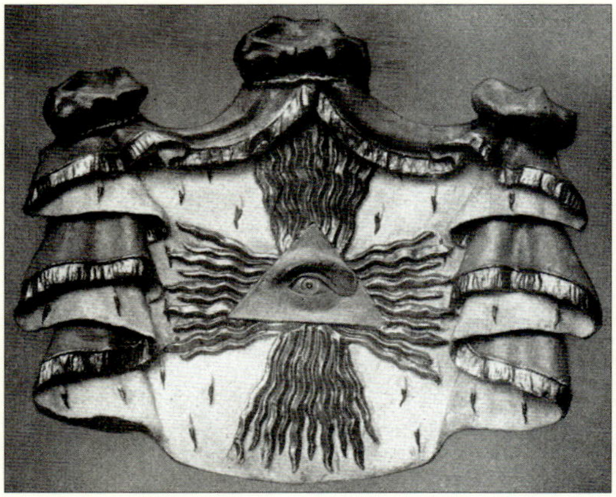

Ein letztes Relikt langer Tradition:
das „Auge Gottes" aus dem Altlerchenfelder Krippenspiel

1806 kaufte ein gewisser Maximilian Sedelmayer einen Teil der Maschinen Schwegers und eröffnete damit unter dem Namen der „Frau Godel“ ein Krippenspiel in der Siebensterngasse 33, damals Neubau Nr. 162, ein Ort, der den Wienern als „Holzplatzl“ bekannt war. Hier existierte das legendäre Theater noch bis in die Zeit um 1850; ein seltsames Schicksal wurde den berühmten Maschinen der Frau Godel zuteil, die über hundert Jahre lang die Bevölkerung Wiens bestens unterhalten hatten: Sie wurden abgebaut und nach Amerika verschifft, wo man sie als unnützer Ballast im Mississippi versenkte.

Noch aber war das Alt-Wiener Krippenspiel nicht gänzlich tot: Bereits 1835 hatte der akademische Zimmermaler Karl Schönbrunner in der Lerchenfelder Straße 23 ein neues Krippenspiel eröffnet, das sich bald großer Popularität erfreute; unter den späteren Besitzern, dem Volkssänger Adolf Kollarz und der Varietédirektrice Paula Baumann, wurden in diesem Institut die „schönen und rührenden Überlieferungen einer volkstümlich so wertvollen Kunst“ (Blümml/Gugitz) bis zum Jahre 1913 aufrecht erhalten – dann mußte sich auch dieses letzte Refugium Alt-Wiener Weihnachtstradition der übermächtigen Konkurrenz des Kinos geschlagen geben. Figuren, Maschinen und Dekorationen wurden nach dem Ersten Weltkrieg zum Großteil zerstört und als Brennmaterial genutzt.

Schon 1893 hatte Alexander Tille in seiner *Geschichte der Deutschen Weihnacht* diesen Untergang von Krippe und Krippenspiel, der, wie er es nannte, „Reste einer niedergegangenen Weltanschauung“, vorausgesagt – im „modernen“, säkularisierten Bild von Weihnachten, dem national verbrämten Familienfestkitsch, war für barocke Volksfrömmigkeit kein Platz mehr.

Joachim Perinet

Über das Krippenspiel

Im 3. Heft seiner „Ärgernisse" nahm Joachim Perinet auch die seltsame Lust der Wiener an den Krippenspielen aufs Korn. Er, der später in seinen Lokalstücken, Zauberspielen und Kasperliaden, in Parodien und Travestien sehr erfolgreich volkstümliche Nähe suchte, wollte – in gut aufklärerischer Manier – diese „geistlichen Komödien" als scheinheilige Harlekinaden entlarvt wissen.

Schon seit mehreren Jahren unterhält um die Advent- oder Fastenzeit ein Strumpfwirker oder die sogenannte Frau Goddel (Frau Pathe) in einer der verrufensten Vorstädte, durch eine privilegierte Ungeschicklichkeit, das kindische Publikum für Geld mit kleinen Figuren, die gar unvergleichlich biblische Geschichten und Religionsgeheimnisse im Diminutivo vorpantomieren. – Wenn dieses Spielwerk bloß das Spektakel des Kindes wäre, so würde ich vielleicht schweigen, aber das Gedränge von erwachsenen Fratzen, die an Festtagen stromweise gefahren und geritten oder auf eigenen Hufen diesen Schauplatz besuchen, scheint mir greulich ärgerlich. – Unter dem Deckmantel des Krippenspieles führt der Amant sein zwanzigjähriges Kind zu diesem belehrenden Religionsspiegel, eine andächtige Zuseherin dieser Kinderei und eine geduldige Zuhörerin seiner frommen Seufzer abzugeben und der liebe blauäugige Fratze findet das meiste Vergnügen bei der Vorstellung der Hochzeit in Galilea, die das Jüngferchen bald in Wien solemniter zu feiern hoffet. Ein kleines Tänzchen, einige heilige Ausdrücke voll warmer Begeisterung auf den lieblichen Korallenmund der Schönen, die Gespräche und – Empfindungen in einem bequemen Wagen, der das entzückte Paar nach Hause schaukelt, haben so viel Einfluß auf ihre zarten Nerven, daß sie nun sonntäglich die liebe Frau Mama um die Erlaubnis quält, ins Krippenspiel gehen zu dürfen, weil die kleinen Figuren gar so spassig sind. – Auch kleinere Seelen finden vor Anfang und nach Endigung dieser geistlichen Komödie ihre Befriedigung in einem angrenzenden Bierhause oder einer benachbarten Weinschänke, von denen einige taumelnd in dem Zwischenraume das Publikum mit Zoten unterhalten oder auf dem finstern Hinterplatze sich nicht gar zu auferbaulich betragen. – Was mich betrifft, so find ich es bei unsern Zeiten für widersinnig und schändlich, solche ehrwürdige Gegenstände zur Kreuzerbude herabzuwürdigen und durch einen dolmetschenden Hanswurst auslegen zu lassen. – Wenn es anders ein Kunststück sein soll, so hat man sich weidlich satt daran (gesehen) und es kann zuverlässig nicht die Neugierde, die sonst die Wiener entschuldigte, sondern es muß eine Gewohnheit sein, die zu tausend Ausschweifungen Gelegenheit gibt, und darum so fleißig gehandhabt wird. – Man bewahre dieses strumpfwirkerische Heiligtum an einem besondern Orte, um es von Künstlern bewundern zu lassen, wenn es der Mühe wert ist, es unter die mittelmäßigen Handarbeiten zu zählen! Man mache es sich wenigstens zum Gesetz, die Religion zu keiner Harlekinade zu erniedrigen, da es ohnehin so viele Religionsschneider gibt, die ihr diese Jacke an den Leib geworfen haben! Man zerstöre diesen Schlupfwinkel, den nur sein Name und das verjährte Herkommen dulden machte, und hebe ein Aergernis aus dem Wege, das nur ein Blendwerk der Verehrung ist.

Das Interesse galt nicht nur dem frommen Geschehen auf der Bühne ... Illustration aus: „Der neueste Moden Almanach", 1802.

Heinrich Ritter von Levitschnigg

Ein merkwürdiges Erlebnis

In „Wien wie es war und ist“ (1860) erinnert sich Heinrich Ritter von Levitschnigg auch an die alten Wiener Krippenspiele - in einem von ihnen arbeitete er als Souffleur und „Bühnentechniker“ einige Zeit hindurch sogar selbst mit.

Das schönste Krippenspiel war in der Singerstraße zu schauen. In einem Hause dieser Stadt wohnte nämlich ein adeliges, jetzt leider ausgestorbenes Geschlecht, dessen Salon als Stelldichein aller Notabilitäten der Poesie, Literatur und Kunst bezeichnet werden konnte. Der Sohn des Hauses, ein junger Mensch, mir eng befreundet, ward mit Recht als mechanisches Talent gepriesen. Das Krippenspiel, das er mit eigener Hand gefertigt, ließ nichts zu wünschen übrig. Da er zudem die lange Ferienzeit seiner Holzpuppen, vom Osterfest bis zum Nikolaitag, dazu benutzte, um neue Theaterfiguren zu schnitzen oder zu drechseln, so wuchs die Zahl seiner Schauspielertruppe mit jedem Jahre, was natürlich auch eine Bereicherung des Repertoires nach sich ziehen mußte.

Das Repertoire enthielt nicht bloß alttestamentarische Darstellungen oder Szenen aus der Heiligengeschichte, nein, es wurden auch Anekdoten, Räuberhistorien, Soldatenstücke und Spukgeschichten darin aufgenommen. Der Verfasser dieses Buches stand dem jungen Manne als Mitsouffleur hilfreich zur Seite, und vertrat an der rechten Koulissenreihe die sogenannte „alte Stimme“, während der Eigenthümer links stand, und so oft es das Gespräch auf der Bühne erheischte, als „junge Stimme“ einzufallen pflegte. Ich war sohin der Vertreter und Sprecher der Gottheit, der Erzväter und Patriarchen, während mein Freund die Rollen der Engel, der heiligen Jungfrau wie der sonstigen biblischen Heldinnen zu memoriren und vorzutragen hatte. Wir führten später ganze Puppenspiele auf, wobei die stehende Maske der deutschen Komödie, die lustige Person, der Hannswurst oder Kasperle, natürlich nicht fehlen durfte. Man hätte dieses Krippenspiel eigentlich ein Marionettentheater heißen sollen. Hatte sich doch der Eigenthümer

Drei Hirtenfiguren einer Kirchenkrippe aus dem 18. Jahrhundert, Pfarre Maria Geburt am Rennweg. Foto von Ing. E. Siegris.

sogar die witzigen kleinen Stücke, eigens für Marionettentheater geschrieben, wie „Téatre de la foire“, sechs Bände, Amsterdam 1729 und Mahlmann's „Marionettentheater“, Leipzig 1806, zu vergessen gewußt.

An dieser Bühne erlebte ich am 6. Dezember, also am Nikolaitag des Jahres 1828, eine Szene, die ich eben so wenig wie ihren weit späteren Epilog Zeit meines Lebens vergessen werde. An jenem Abend befand sich nämlich unter den Zuschauern ein Mann, der meine volle Aufmerksamkeit zu fesseln wußte. Er war von Mittelgröße, mehr untersetzt als lang, sein Gesicht wies meist einen grämlichen Ausdruck auf, obgleich die Augen weniger ärgerlich als träumerisch in die liebe weite Gotteswelt hinauszustarren schienen.

Dieser Mann war mir übrigens wohlbekannt.

Er hatte sich seit wenigen Jahren als Schauspieler zum auserwählten Liebling des Publikums hinaufgeschwungen. Man konnte sicher sein, die Elite der Wiener Gesellschaft im Theater zu sehen, falls ein Stück zu seinen Gunsten gegeben wurde. Um so rührender war die Theilnahme zu schauen, mit welcher dieser bedeutende Mime den Verlauf unseres Krippenspiels, unserer Marionettenstücke verfolgte. Freude wie Verdruß spiegelte sich nach der jeweiligen Färbung der einzelnen Szenen in seinen Mienen, doch schien die heitere Laune vorherrschend zu bleiben. Plötzlich verlor der Mann jedoch alle Fassung. Seine Glieder zitterten, das Antlitz sah blaß wie eine Leiche aus.

Und dies kam so!

Wir brachten eben die bekannte alte Historie zur Darstellung, welche Adalbert Stifter später in seiner Novelle „Abdias“ zu einer trefflichen Episode benützte. Ein Reiter kam im vollen Galopp auf die Bühne geritten, er schien auf der Flucht vor einem riesigen Hunde begriffen zu sein. Das gewaltige Thier ereilte jedoch das Roß, und sprang fast bis an den Sattelkramp empor. Da griff der Reitersmann nach einer Sattelpistole, zielte, drückte ab, und schoß den Köter nieder. Ich ließ tüchtig Kolophonium abblitzen, während mein Freund ein ausgespanntes Kalbfell bearbeitete, um das Fallen des Schusses nachzuahmen. Der Reiter eilte vorwärts, der Hund erhob sich langsam und hinkte schmerzhaft winselnd hinter die Koulissen zurück. Das war die erste Szene. – Bald sprengte der Reiter aufs Neue auf die Bühne, er schien einen verlornen Gegenstand zu suchen. Auch der Hund kam langsam, sich müham fortschleppend, verendend dahergekrochen, und siehe da, er hielt das Unterpfand seiner verkannten Treue, den verlornen Mantelsack seines allzu raschen Herrn, zwischen den Zähnen.

Diese Historie ließ, was die Darstellung anbelangt, nichts zu wünschen übrig. Reiter, Roß und Hund waren prachtvoll nachgebildet, auch konnte der Mechanismus als ein kleines Meisterstück bezeichnet werden. Der Beifall war daher auch stürmisch. Verschiedene Urtheile wurden laut, doch einte sich die Mehrzahl der Zuschauer dahin, daß der Reiter zu vorschnell gehandelt habe.

„Was fällt Ihnen bei, meine Damen und Herren", rief da der Schauspieler, noch immer weiß wie Kreide. „Der Reiter ist nicht zu vorschnell, er ist nur zu feig gewesen. Zwei Schüsse mußten fallen. Wäre ich in diese Klemme gerathen, ich hätte zuerst den Hund erschossen und mir dann die Kugel der zweiten Sattelpistole durch den Kopf gejagt!"

„Weshalb?"

„Sind Sie bei Sinnen?"

So erscholl es von mehren Seiten.

„Der Hund", fuhr der Mime kleinlaut fort, „konnte auch toll gewesen sein, und kein Unheil, das ein armes Menschenkind ereilen kann, ist so entsetzlich, so schaudervoll wie – die Wasserscheu!"

Alles verstummte.

Kalter Schauer beschlich die Gesellschaft. Der bleiche Mann zog sich zurück, ließ sich auch den ganzen Abend nicht wieder vor unserer kleinen Schaubühne sehen. Als man später zum Souper ging, hieß es, er sei plötzlichen Unwohlseins willen nach Hause geeilt. Alles schüttelte verwundert das Haupt.

Seltsames Spiel des Zufalles!

Als ich einige Jahre später das reizend gelegene Gutenstein besuchte, gewahrte ich mit Befremden, daß ein Stück Niederung auffallende Ähnlichkeit mit der Gegend besitze, wie wir sie als Hintergrund bei der Darstellung der Geschichte von dem Hunde des Abdias benützt hatten.

Der blasse Mann hielt auch Wort, obgleich der betreffende Bullenbeißer von einer fremden Hand getödtet wurde; er brachte sich in dem finstern Wahn, von einem tollen Hund gebissen worden zu sein, Anno 1836, also acht Jahre später, durch einen Pistolenschuß um das Leben. Du ahnst wohl bereits, geneigter Leser, wer jener Schauspieler gewesen? Er nannte sich – Ferdinand Raimund.

Joseph Richter

An das Krippenspiel

In dasselbe Horn wie Perinet stößt auch der „Eipeldauer" Joseph Richter in einem Gedicht, das 1802 im „Neuesten Moden Almanach auf das Jahr 1802" erschien und die Frau Godel verdächtigt, ein Treffpunkt nicht nur frommer Frauen und Kinder, sondern auch so manch „ausschweifender" Männer zu sein.

Zur Mode ist es euch geworden,
Daß man hinaus in ganzen Horden
Alljährlich zur Frau Godel geht;
Sonst ließ man nur die Kinder gehen,
Doch wollens jetzt die Großen sehen,
Weil Kindereien gern man sieht.
Man gibt dort Rendezvous im Stillen,
Denn wer geht um der Krippe willen;
Nur dort und da ein altes Weib
Sucht Andacht in dem Zeitvertreib.
So mancher treibt hier Spöttereien,
So mancher sucht sich zu zerstreuen,
Der Ehemann führt seine Rippe
Und der sein Mädchen in die Krippe.

*Die Puppenjause.
Gemälde von Heinrich
August Mansfeld,
1844.*

Zu Weihnachten vielgefragt: kroatische Spielwaren-Verkäuferinnen.

Vorhergehende Doppelseite: Die Schlittenfahrt der beim Wiener Kongreß versammelten Monarchen am 22. Jänner 1815. Gestochen nach einer Vorlage von Friedrich Philipp Reinhold, 1815. Ursprünglich war die spektakuläre Ausfahrt für die Vorweihnachtszeit 1814 vorgesehen, aus Witterungsgründen mußte sie auf Jänner verschoben werden.

Das neue Spielzeug wird dem Großvater vorgeführt: Kaiser Franz im Arbeitszimmer mit seiner Gattin Karoline Auguste und den Enkeln Franz Joseph, Ferdinand Max und Carl Ludwig. Aquarell von Peter Fendi, 1834.

Der Christtag. Kupferstich, altkoloriert, zugeschrieben Johann Michael Voltz, aus der Folge „Zwölf Blätter Kinderbilder zur Unterhaltung und mündlichen Belehrung", Augsburg, um 1835.

Weihnachtseinkäufe mit Mama auf dem Christkindlmarkt. Holzschnitt, koloriert, von Hilda Jesser.
Aus der Mappe der Wiener Werkstätte „Mode Wien 1914/15“.

Karl Gebhardt

Ein Besuch im Altlerchenfelder Krippenspiel

Die folgende Schilderung Karl Gebhardts gibt einen guten Eindruck von der letzten Blütezeit des Wiener Krippenspiels unter Adolf Kollarz, der das Haus von 1877 bis 1913 leitete. Nach seinem gesundheitsbedingten Rückzug - Kollarz starb 1915 - wurde der Spielbetrieb eingestellt und Paula Baumann Alleininhaberin des traditionsreichen Unternehmens, es kam jedoch zu keiner Neueröffnung des Krippenspiels mehr; 1920 erfolgte die endgültige Liquidation.

Im „Edelhaimb-Haus" in der Neustiftgasse war heut ein großes Aufsehen. Stellt euch doch vor: Der Tischlermeister, der Kienast, der Herr von Kienast, ist mit seiner ganzen Familie ins Krippenspiel und hat dem Hausmeister den Wohnungsschlüssel übergeben, „im Fall was vorkommt." Der Kienast kann ruhig sein; es wird nichts vorkommen; der alte Schücktanz laßt niemand ins Haus hinein, der nicht hineingehört.
Das muß ja was ganz Besonderes sein, was man jetzt im Altlerchenfelder Krippenspiel zu sehen kriegt, wenn der Herr Kienast auf sein Mittagsschlaferl und sein Kaffeehaus verzichtet! Ja, gar der Hausherr, der Herr von Edelhaimb, der Hendelkramer, war am vorigen Donnerstag dort; und er hat die Vorstellung über den grünen Klee gelobt: die neue Ausstattung, die schönen neuen Figuren! Und der jetzige Eigentümer des Theaters, der Kollarz, gibt gar ein jedesmal „Die Jahreszeiten" drauf, wie früher einmal die Frau Godl in der Siebensterngasse!
Das Altlerchenfelder Krippenspiel ist in dem Durchhaus untergebracht, das von der Neustiftgasse Nr. 26 auf die Lerchenfelderstraße Nr. 23 führt. Hier wie dort ist in der halben Höhe des ersten Stockwerks gleich neben dem Tore ein lebensgroßer, mit Ölfarbe bunt bemalter Engel angebracht, der ein faltiges, weißes Band mit der Aufschrift „Krippenspiel" in Händen hält. Der lange, schmale Hof und ein dunkler Gang sind durchschritten, der Eintritt ist bezahlt: Wir sind im Theater.

In dem nicht besonders großen Zimmer sind sanft ansteigende Bretterlagen, die „Pablatsche“ eingebaut, so daß gerade noch das Klavier und eine Reihe Sessel auf ebenem Boden stehen. Die anderen „Sitze“ befinden sich auf ganz einfachen Bänken ohne Rückenlehne; sie sind nur längs der Wände zugänglich. Die Bühne, etwa einen Meter hoch und eineinhalb Meter breit, ist gegenüber der Tür; zur Rechten sind zwei Fenster, die während der Vorstellung mit Spalettläden geschlossen werden.

Da sitzen nun die Kienastischen auf dem „noblen“ 10-Kreuzer-Platz: der Herr, die Frau, die Wetti, der Karl, der Julius, die Sophie, der Gustl – nur Geduld! die Aufzählung ist noch nicht fertig – das Dienstmädel, die Ottilie, die Köchin, die Resi, und die zwei Lehrbuben, der Schorschl und der Rudl. Die Ottilie und die Resi sitzen auf dem 6-Kreuzer-Platz, die Lehrbuben auf dem dritten Platz, der 4 Kreuzer kostet. Der Saal ist auch diesmal bummvoll wie gewöhnlich, so daß kein Apfel zur Erde fallen kann. Kein Wunder, wenn man bedenkt, daß die Vorstellungen nur vom Advent bis zu den Faschingstagen dauern und doch jeder gebildete Mensch das „mit großen Kosten neu ausgestattete Krippenspiel“ gesehen haben muß, das schon zur Zeit Maria Theresias unter den „Wiener Ergötzlichkeiten“ aufgezählt wird – und jetzt schreiben wir 150 Jahre später.

Ein kurzes Vorspiel und – der Vorhang geht auf. Aber – nicht gleich: Er spießt sich heute wieder einmal beim Aufziehen. Nun, das soll auch schon im großen Theater vorgekommen sein. Und jetzt ist der Vorhang wirklich oben und – ein Engel tritt auf. Ein lieber, herziger, pausbackiger Engel. Er hält eine schöne Ansprache und bereitet die Versammlung auf die wunderbaren Dinge vor, die gleich kommen werden. Und sie kommen richtig!

Zuerst die Geschichte des Alten Testaments: die Erschaffung der Welt, das Paradies, der Sündenfall, Kain und Abel, die Sündflut, die Auserwählung des Abraham, Sodom und Gomorrha, Isaaks Opferung, Jakobs Flucht, Josef wird von seinen Brüdern verkauft, Josefs Erhöhung, Moses wird aus dem Wasser gezogen, der brennende Dornbusch, der Durchgang durch das Rote Meer, der erste Aufenthalt in der Wüste, der Einzug in Jericho, Absalons Strafe, Elias, Daniel in der Löwengrube. Dann das Neue Testament: von der Verkündigung der Geburt Jesu bis zur Himmelfahrt.

Als Draufgabe „Die Jahreszeiten“. Und alles das um so ein Spottgeld! Alle, alle sind heute wieder auf ihre Kosten gekommen, die Großen wie die Kleinen; alle haben die Wunder angestaunt, haben sich gefürchtet, geweint, gelacht und das Klavierspiel bewundert. Schon am dritten Schöpfungstag, an dem sich Erde und Meer voneinander scheiden, die Blumen, Kräuter emporwachsen, waren die ersten lauten Beifallsrufe zu hören; denn das Wachsen der Pflanzen

Szene aus dem Weihnachtsmärchen „Prinzeß Tausendhändchen“ im Kaiser-Jubiläums-Stadttheater, der späteren Volksoper

war wirklich zu sehen, ja, die Bäume kamen gleich ganz ausgewachsen hervor. Am vierten Tage leuchteten die himmlischen Lichter, Sonne, Mond und Sterne, in den herrlichsten Farben; und gar am sechsten Tage waren alle Tiere, die es nur gibt, mitsamt Adam und Eva zu sehen. Alle lammfromm und verträglich.

Gar, wie die ersten Menschen im Paradiese die erste Sünde begehen, überläuft es alle wie ein kalter Schauer: Die Schlange auf dem Apfelbaum bewegt sich wirklich; der Engel aber, der das unfolgsame Paar vertreibt, hat ein richtiges Flammenschwert. Und die Sündflut! Da kam zuerst die Arche Noah auf dem Meere dahergeschwommen. Und dann sind die Tiere paarweise in die Arche hineinmarschiert: zwei Elefanten, zwei Kamele, zwei Löwen, zwei Tiger, zwei Giraffen, zwei Strauße, zwei Esel, zwei Kinder, zwei Hirsche, zwei Rehe usw. Und auf einmal ist's finster worden; es hat angefangen zum Blitzen und zum Donnern und hat schier nicht mehr aufgehört. Und jetzt hat's geregnet! Wasser geregnet! Wirkliches Wasser! Denen in der ersten Reihe sind auch etliche Tropfen ins Gesicht gespritzt! Und das Meer ist immer höher und höher gestiegen, und die Arche Noah ist vom Sturm nur so hin und her „geschupft" worden ...

Endlich ist's wieder licht worden, das Meer hat sich beruhigt, und der siebenfärbige Friedensbogen ist am Himmel erschienen. Noah ist aber mit den Seinen aus der Arche gestiegen; er hat die Weinlese gehalten und die Trauben gekeltert.

Beim Untergang von Sodom und Gomorrha ist brennendes Kolophoniumfeuer vom Himmel gefallen. Josefs Einzug geschah in einem prachtvollen, von sechs Schimmeln gezogenen Staatswagen, wie in Wien noch keiner zu sehen war. Josef selber trug purpurne golddurchwirkte Kleider, ein goldenes Diadem schmückte sein Haupt, und eine goldene Ehrenkette hing von seinem Hals herab. Der brennende Dornbusch brennt wirklich, in der Wüste fällt wirkliches Manna herab, und die Mauern Jerichos fallen, wie erst die Trompeten zu blasen anfangen, gerade so um, als wenn sie sie aus echten steinernen Bausteinen erbaut wären. Und wie fein nur der Absalon am Baume hängen geblieben ist – mit seinem gelben Haarschopf! Ein Glück noch, daß sie ihm das Roß mittels eines Schnürls so schnell davongezogen haben: Fast wäre der Baum umgerissen worden.

Vom Neuen Testament gefielen am besten die Verkündigung der Geburt Christi, bei der die Hirten auf echten, ganz kleinen Schalmeien bliesen, und die Gefangennahme des Heilands, als Petrus dem Malchus, dem Knechte des Hohepriesters, mit einem gleichfalls echten Schwert das rechte Ohr abtrennt.

Die Jahreszeiten haben mit einer Schlittenfahrt im Jänner begonnen. Wieder alles naturgetreu, vom Stürmen und Schneien angefangen bis zum Schlitten und den Glöckerln, die an den Pferdegeschirren angebracht waren und wirklich geläutet haben. Im Februar stürmt und schneit es noch immer, nur daß auf dem Klavier jetzt statt einer Polka ein Walzer gespielt wird. Im März brausen die Gießbäche, und Holzstämme werden zu Tal geschwemmt, im April wechseln Regen und Sonnenschein, im Mai schlagen die Bäume aus, und der Kuckuck ruft aus dem Wald; der Juni bringt die Heuernte und ein Gewitter. Im Juli und im August erleben wir die Getreideernte; hierauf erfolgt im September die Obsternte und im Oktober die Weinlese. Der November führt die Allerseelenfeier vor, im Dezember wohnen wir dem Weihnachtsfest bei; das Christkindl erscheint mit einem herrlichen Christbaum, und den Schluß der Jahreszeiten macht – eine Hirschjagd, bei der wirklich ein Hirsch geschossen wird. Im ganzen Zimmer ist der Pulverrauch zu spüren.
Anderthalb Stunden hat die Vorstellung gedauert. Alle haben sich gut unterhalten. Sogar der Herr „von" Kienast ist nicht mehr ungehalten darüber, daß sie ihn diesmal „drangekriegt" haben.
Und seine Kinder? Die bitten ihn jetzt schon, daß sie, wenn das neue Jahr vorüber ist und sie brav waren, wieder ins „Krippelspiel" gehn dürfen.

Weihnachtseinkäufe am Christkindlmarkt. Kolorierter Holzstich nach einer Zeichnung von Wilhelm Gause, 1894.

Am Christkindlmarkt

Weit zurück in die Vergangenheit Wiens weisen die Spuren des Christkindlmarkts, der größten weihnachtlichen Attraktion der Stadt, die vor allem die Herzen der Kinder höherschlagen läßt. Der geschäftige Budenmarkt im Advent, bis heute ein kulinarisch-wärmender Lichtblick an schneeverhangenen Dezembertagen, ist die Konstante in der Geschichte der Wiener Weihnachtslandschaft: Ob man nun das Hochfest der Geburt Christi mit oder ohne Christbaum feierte, ein Krippenspiel besuchte oder in die Christmette ging – ein Spaziergang zwischen den mit Herrlichkeiten aller Art überladenen Standeln gehörte einfach dazu.

Wenn man so will, stammt die Basis für die Existenz des „Krippenmarkts", wie man ihn im alten Wien nannte, noch aus dem fernen Mittelalter: Im Rahmen des Stadtrechts räumte König Albrecht I. 1296 der Stadt das Privileg ein, Jahrmärkte abzuhalten – allerdings: Die aus mittelalterlichen Quellen bekannten Wiener Märkte hatten mit Weihnachten nichts zu tun. Der erste konkrete Hinweis auf den Christkindlmarkt stammt vielmehr erst aus dem Jahre 1601: In der Rechnung des Unterkammeramtes – in seiner administrativen Funktion mit dem heutigen „Bauamt" vergleichbar – aus diesem Jahr wird von einer Einnahme gesprochen, die auf dem „stantgelt von den peckhern, letzelter und zuckherpacher hütten" beruhe; 1620 werden dem Unterkammeramt dann Aufwendungen für das Zerlegen dieser Hütten in Rechnung gestellt. Das ganze 17. und 18. Jahrhundert hindurch läßt sich so anhand nüchterner Akten die Spur des Wiener „Weihnachtsmarkts" verfolgen; Standorte waren bis 1761 der Graben und die Brandstatt – „Dieser Marckt ist gänzlichen cassiert worden", hieß es in der Sprache des Unterkammeramts –, dann ab 1772 die Freyung. Hintergrund dieser Translation war der Wunsch der Stadtverwaltung, den Graben verkehrstechnisch zu entlasten – damit war man gezwungen, die zahlreichen Buden und Standeln aufzulassen.

Von entscheidender Bedeutung für die weitere Entwicklung des Christkindlmarkts wurden nun zwei Faktoren: die allmähliche Verlagerung der bürgerlichen Schenkaktivitäten vom Nikolaustag auf den Heiligen Abend („Christabend") und – verbunden mit dem ökonomischen Aufstieg des Bürgertums – die Intensivierung des weihnachtlichen Geschenktransfers. Die Nachfrage nach entsprechenden Geschenkartikeln im Advent stieg, vor allem Spielsachen wurden nun auch verstärkt an den Marktständen angeboten, Schwerpunkt blieben aber vorerst noch die Krippen und Krippenspiele. In seiner *Bildergalerie katholischer Mißbräuche* gibt Joseph Richter einen Eindruck von diesem geschäftigen Treiben auf dem alten Christkindlmarkt: „Die Gassen wimmeln von Ständchen. Nüsse und Äpfel, die schon Makulatur sind, werden hier für kurante Ware verkauft. Dort stehen Krippen, Christkindchen, Hanswürste und Pantalone nebeneinander, gleich neben ihnen eine Herde von kleinen Ochs- und Eselein, die die Großen ihren Kindern nach Hause bringen."

Der als „Nikolo- und Weihnachtsmarkt" firmierende Markt auf der Freyung hatte bis 1842 Bestand – immerhin erlebte er noch den großen Wandel im Weihnachtsbrauchtum, den Wechsel von der Krippe zu Christbaum und „Baumfest", der nicht zuletzt auch das Gesicht der Marktgassen völlig veränderte: Tannengrün und bunter Christbaumschmuck begannen zu dominieren. Mit der Magistratsverordnung vom 22. August 1843 wurde der Christkindlmarkt dann auf den Platz Am Hof verlegt; Grund dafür waren Beschwerden von seiten der adeligen Anrainer gewesen: Sie wollten die lästigen Buden nicht länger vor den Toren ihrer Palais haben, dazu kam, daß diese auch hier den Verkehr behinderten. Leidtragende der neuen Regelung waren die schon seit langem Am Hof stationierten Lust- und Ziergärtner, sie mußten nun auf den Tiefen Graben ausweichen; mit den Fiakern, die hier einen großen Standplatz hatten, wußte man sich zu arrangieren.

Der Christkindlmarkt Am Hof florierte, und die Zahl der Stände erhöhte sich rasch: Waren es auf der Freyung durchschnittlich 108 gewesen, so stieg nun ihre Zahl auf 132. Auch die relativ hohe Platzgebühr von 192 Gulden (1842) schreckte wohl niemanden ab, im Gegenteil: Ein Standl am Christkindlmarkt – geöffnet war vom 5. Dezember bis Neujahr –, und das Weihnachtsgeschäft war gesichert! Auch für die Besucher der habsburgischen Metropole blieb der Christkindlmarkt eine besondere Attraktion – so meinte etwa der bekannte französische Reisende Victor Tissot, der sich im Winter 1877/78 Wien aufhielt und seine Eindrücke in dem sehr erfolgreichen Buch *Vienne et la vie viennoise* veröffentlichte, daß ihn die stattliche Versammlung von Tannenbäumen am Christkindlmarkt an eine von Gustave Doré gezeichnete Landschaft im Schwarzwald erinnere.

Die Tatsache, daß allmählich Wiener „Detaillisten", also Kaufleute, die in der Stadt auch über andere Geschäftslokale verfügten, die sogenannten „Provinzialisten“, Anbieter vom Land, von den Märkten der Stadt verdrängten, führte schließlich 1872 zur Aufhebung der Jahrmärkte, einzig der Christkindlmarkt Am Hof durfte weiterhin veranstaltet werden - und dies bis über das Ende der Monarchie hinaus: 1923 wurde der Christkindlmarkt wieder auf der Freyung abgehalten, 1924–1928 baute man die Hütten rund um den Stephansdom auf, nach einigen weiteren Zwischenstationen fand der Christkindlmarkt schließlich 1975 vor dem Rathaus eine neue, stimmungsvolle Heimstätte.

Ist's wahr, Herr Wachmann, daß ich nach 7 Uhr nicht mehr einkaufen darf?
Kikeriki, 22. Dezember 1912.

Frances Trollope

Advent in Wien

Mit den Augen einer welterfahrenen Frau durchstreift Frances Trollope im Dezember 1836 die vorweihnachtliche Stadt, sie besucht Marktstände und studiert das Angebot in den vornehm-eleganten Luxusläden - Resultat? Die weitgereiste Britin, Tochter eines Vikars und geboren in Stapleton bei Bristol, stellt dem „Einkaufsplatz“ Wien ein überraschend gutes Zeugnis aus. Ihr Bericht bestätigt auch, daß gut zwei Jahrzehnte nach den ersten Christbäumen in der Stadt, diese nunmehr aus dem Straßenbild nicht mehr wegzudenken sind.

Seit einigen Tagen herrscht in der ganzen Stadt ein mehr als reges Treiben, das den Vorbereitungen zum Weihnachtsfeste gilt. Die Kaufleute wetteifern untereinander, welcher von ihnen die lockendste Auswahl erlesener Dinge in ihren verschiedenen Läden auszustellen vermag. Obwohl London und Paris ausgedehnter sind und dadurch auch größere Geschäfte, sogar Ausstellungssäle zur Verfügung stehen, vermögen sie doch nichts Besseres und Schöneres zu bieten, als man hier zu sehen bekommt.

In den wichtigen Artikeln, wie Shawls, Spitzen, Seidenstoffen, Atlas und anderem mehr, ist es kaum möglich, daß sie irgendwo übertroffen werden könnten. Die Gold- und Silberschmiede und die Juweliere überbieten mit ihren kostbaren Kollektionen sicher die von Frankreich und England, mit Ausnahme vielleicht der unzugänglichsten Geheimschätze von Rundel und Bridges oder Hamlets in London. Das geschliffene Glas in den Auslagen ist über alle Vorstellung zart und schön. Man glaubt sich fast im Bannkreise eines Zauberers, so strahlend, so geschmackvoll und phantastisch in Gestalt und Farbe sind die Schöpfungen der böhmischen Glasfabriken.

Die Fenster der Zuckerbäcker prangen hier allerdings nicht mit majestätisch aufgeschichteten und prächtig verzierten Christmas-Cakes wie bei uns. Statt dessen gibt es aufgereiht Bonbonnieren aller Art, welche die Augen blenden, denn es flimmert und funkelt wie in Grotten mit tausend Kristallen. Die Kunst, in Zucker zu arbeiten, wird nirgends,

Ein Paradies für die Kinder: Tannenbäume und Spielsachen, Christbaumschmuck und Süßigkeiten sind die Attraktionen des Christkindlmarkts Am Hof. Aquarell von Josef Hasselwander, um 1850.

selbst nicht in Paris, mit größerer Vollkommenheit beherrscht als hier. So kann man alle Früchte der Erde unabhängig von der Jahreszeit genießen und hat es doch nur mit Zuckerpflaumen zu tun. Diese Leckereien sehen auch äußerst lieblich aus. Indessen wäre ich eine Wiener Hausfrau, so würde ich nie diese pyramidenförmig belegten Tabletts unter meinen Gästen herumreichen lassen. Jedes dieser Bonbons ist zierlich in Papier gewickelt, damit es zum Munde geführt werden kann, ohne die Handschuhe zu beflecken. Die Folge aber davon ist, daß die Teppiche im Gesellschaftszimmer darunter unvermeidlich leiden, denn es ist nicht ungewöhlich, den Boden nach einigen Runden solcher Stärkungen mit diesen Zuckerpapierchen bestreut zu sehen.

Diese besonderen Vorbereitungen zum Feiern sind aber keineswegs nur auf die wohlhabenderen Klassen beschränkt. An jeder Straßenecke sieht man Frauen aus den niedrigen Ständen um Christbäume feilschen, die mit buntem Papier herausgeputzt sind. Diese Bäume werden in jeder Größe und für jeden Preis fast von jeder Familie in Wien, die noch Kinder hat, gekauft. Auch ist diese Sitte keineswegs der Hauptstadt eigentümlich; wie man mir sagt, gibt es keine Hütte in Österreich, die nicht etwas der Art hat, um diese freudenreiche Zeit zu feiern. Der Baum heißt der „Baum des Jesukindes", und an den Zweigen hängen allerlei niedliche Spielsachen, Bijous und Bonbons, welche unter die beim Feste Anwesenden verteilt werden. An den Bäumen, die auf der Straße verkauft werden, wird der Platz kostbarer Geschenke mit Äpfeln, Rosinen, Kastanien oder Pfefferkuchen behangen; alle aber sehen mit ihrem bunten Papierschmucke gefällig und feiertagsmäßig aus.

Robert Ascher

Märchenwelt Christkindlmarkt

Anfang der dreißiger Jahre erinnert sich der Schriftsteller Robert Ascher an den Christkindlmarkt Am Hof - bereits damals wehmütige Reminiszenzen an eine „glückselige Kinderzeit".

Der Christkindlmarkt war für die liebe Jugend der neunziger Jahre - eine Märchenwelt. Nicht daß man dort Dinge zu sehen bekam, die es anderswo nicht gegeben hätte. In den Schaufenstern der großen Geschäfte der Inneren Stadt und der Mariahilferstraße gab es unbestritten prächtigeres, kostspieligeres Spielzeug und all die anderen Sachen, nach denen sich Kinderherzen sehnen. Am Christkindlmarkt wurden nur die primitiveren, die allereinfachsten und billigsten Geschenkartikel, die auf und unter den Christbaum gehören, feilgeboten. Aber die Aufmachung, das Dunkle und Geheimnisvolle, das über dem Ganzen lag, verklärt durch die wundervolle Kinderphantasie und gemengt mit der Erwartungsfreude, die in diesen Tagen das kindliche Gemüt erfüllt, riefen in allen, auch in den Großen, eine feierliche, geradezu weihevolle Stimmung hervor, sobald sie in die engen Wege zwischen den Buden traten. Besonders in den Abendstunden, da es finster auf dem weiten Platze war, schwaches Licht von Kerzen oder Ölfunzerln die Stände spärlich erleuchtete, und mitten drin der Vater Radetzky gespenstisch auf das Getriebe unter ihm „owa" schaute, mit ausgestrecktem Arm wie ein berittener Polizist, der den Verkehr zu regeln hat, wirkte der Markt geheimnisvoll. Die Kinder vermeinten, den Flügelschlag des Christkindls in der winterlich reinen Luft rauschen zu hören. Die Verkäufer, die vor den Buden standen und mit lauter Stimme ihre Waren anpriesen, waren Originale, wie sie nur der Wiener Boden hervorbrachte. Alte Weiblein, rundlich vom häufigen Genuß des geliebten „G'schladers", wie sie den braunen, süßen Kaffee nannten, und der dazugehörigen Topfengolatschen, in einen alten, langen Mantel gehüllt und noch ein Umhängetuch darüber, den Kopf mit einem unförmigen, gestrickten Etwas umwickelt, dicke Fäustlinge an den Händen, die Füße in Filzstiefel gesteckt und die meist schon runzligen Wangen von der beißenden

Die Aufmachung, das Dunkle und Geheimnisvolle, das über dem Ganzen lag, verklärt durch die wundervolle Kinderphantasie und gemengt mit der Erwartungsfreude, die in diesen Tagen das kindliche Gemüt erfüllt, riefen in allen, auch in den Großen, eine feierliche, geradezu weihevolle Stimmung hervor ... Christkindlmarkt Am Hof. Gemälde von Vinzenz Katzler, um 1875.

Winterluft gerötet. Die Männer, die hier stark in der Minderheit waren, hatten ebenfalls die erste Blüte schon weit hinter sich, Pudelhauben über die Ohren gezogen, über den schützenden Mantel das unvermeidliche blaue „Fürta" (Schürze) gebunden, dessen Zweck Uneingeweihte nie begreifen werden, staken in festen Röhrenstiefeln, hatten eine kurze Pfeife im Mund, um sich die Nase zu erwärmen, damit dieses meist vom Alkohol lieblich gerötete Organ nicht durch die Kälte auch noch einen bläulichen Stich bekomme. In Gemütsart und Redeweise ähnelten sie ihren berühmten Berufsgenossen vom Naschmarkt wie ein Ei dem andern. Mit picksüßer Freundlichkeit lockten sie die Schaulustigen vor ihre Buden, um sie mit unverwüstlicher und unnachahmlicher Saugrobheit wieder zu verjagen, wenn sie nach langem Herumsuchen nichts kaufen oder gar handeln und an der Güte der angebotenen Ware Kritik üben wollten. Das „Sprucherl" dieser würdigen Geschäftsleute war gefürchtet, und nur ein „Zuagraster" und kein Bodenständiger hat es je gewagt, mit ihnen anzubinden.
Auf den Tischen und Verkaufsbudeln lagen die Herrlichkeiten ausgebreitet. Puppen, die quietschten, wenn man ihnen auf den Bauch drückte, Hutschpferde, Puppenküchen, Öfen und Puppengeschirr; Säbel, Gewehre und Tschakos, Eisenbahnen, die selbst fahren konnten, Bilderbücher, Christbaumschmuck, Windbäckerei, Lebkuchen und Engerln für die Spitze des Christbaums, und dann standen inmitten eines kleinen Wäldchens die Verkäufer der immergrünen Tannenbäume. Die hatten ein rechtes G'frett mit ihren Kunden. Dem war der Baum zu teuer, diesem zu klein und jenem zu schütter, der andere murrte, daß die Christbaumbretteln zu schwach seien und man dabei einige „Stageln" zur Nachhilfe brauche. Das gab also Ärger genug.
Die größte Zugkraft übten die Weihnachtskripperln aus, primitive hölzerne Darstellungen der Stallkrippe mit dem Jesukindlein und den anbetenden Hirten.

Weihnachten in der zweiten Etage. Zeichnung von Fritz Bergen, 1888.

Weihnachtsstimmung und Weihnachtskitsch

Im nachrevolutionären Wien stand die äußere „Form" des bürgerlichen Familienfests Weihnachten zwar fest, notwendig waren allerdings nun handfeste Erklärungen der neuen Sitte – es begann eine Flut von Texten zu erscheinen, die alle eines gemeinsam hatten: Sie boten Interpretationen zur Christbaumbescherung, konstruierten Geschichten, die in bildhafter Weise die Inhalte von Weihnachten zu verdeutlichen suchten – „Weihnachtsgedicht" und „Weihnachtsgeschichte" etablierten sich als neue literarische Formen, die von nun an den Diskurs der bürgerlichen Welt zum Fest bestimmen sollten. Jene religiösen Elemente, die mit der Säkularisierung von Weihnachten aus dem Bewußtsein verschwanden, kehrten nun in verwandelter Form in diesen Texten wieder, hartnäckig versuchten sie mystische Ergriffenheit und heiliges Erschauern dort zu produzieren, wo die Dynamik einer sich rasant beschleunigenden Warenwelt längst über gläubiges Empfinden hinwegschritt. Die „Weihnachtsliteratur" wurde zum Ersatz für Gebet und Meditation, zur selbstverständlichen „Droge", die man zum Fest eben so eifrig konsumierte wie so manche kulinarischen Köstlichkeiten – man schwelgte in sentimentalen Gefühlen, in wehmütig-weichen Stimmungen, ohne die man sich schließlich Weihnachten gar nicht mehr vorstellen konnte. Die Weihnachtsliteratur stiftete die Identität eines Festes, das sich von seinen religiösen Wurzeln völlig entfernt hatte.

Moritz Gottlieb Saphir (1795–1858), Eigentümer und verantwortlicher Redakteur des Unterhaltungsblatts *Humorist und Wiener Punch*, publizierte in der Weihnachtsnummer 1848 des *Humoristen*, am Ende eines Jahres, das die Habsburgermonarchie in ihren Grundfesten erschüttert hatte, eine Folge von Weihnachtsgedichten, die bereits dezidiert diese kitschig-sentimentale Sicht des Fests in den Vordergrund rückten:

Bald untrennbar mit dem Fest verbunden: die Produktion von Weihnachtsstimmung durch Text und Bild. Illustration in Moritz Gottlieb Saphirs „Humorist und Wiener Punch", 24. Dezember 1848.

Tannenbäumchen

Tannenbäumchen stand im Wald alleine,
Sprach, ganz traurig im Gemüthe:
„Duft und Farben hab' ich keine,
Habe weder Frucht, noch Blüte.

Gehe stets in einem Kleide,
Bien' und Schmetterling mich lassen,
Mache keinem Menschen Freude,
Möchte d'rum mich selber hassen!" –

Christkind hört des Bäumchens Klage,
Nimmt's und setzt's in's warme Zimmer,
Schmückt's wie eine Feensage,
Bunt mit lauter Kerzenschimmer

Und behängt's mit Band, mit Kerzen,
Mit Gold- und Zuckernüss' nicht minder,
Und das Bäumchen kosen, herzen,
Küssen jubelnd süße Kinder.

Und so kam's zu Glanz und Ehren,
Und zu tausend schönen Sachen,
Weil es war sein Herzbegehren,
Nur den Andern Freude machen

Saphir, umstrittener, aus Ungarn stammender jüdischer Journalist und Kritiker, 1832 zum Protestantismus konvertiert, ein Sprachrohr legitimistischer Kreise, verfehdet mit Nestroy und Bauernfeld - von ersterem 1849 in einem offenen Brief in der Theaterzeitung als „lächerlicher Vomkunstrichterstuhlherabdieleutevernichtenwoller“ apostrophiert -, befand sich mit diesem Text durchaus im *mainstream* des zeitgenössischen Weihnachtsdiskurses: Der Appell an die (christliche) Nächstenliebe hatte jenes schlechte Gewissen zu überdecken, das die stetig wachsende Kluft zwischen Arm und Reich unweigerlich weckte: Während in den Palästen des Adels und den Häusern des wohlhabenden Bürgertums Glanz und Prunk der weihnachtlichen Aktivitäten kaum mehr zu überbieten waren, stand das Industrieproletariat mit leeren Händen da - Weihnachten im alten Wien war auch ein Fest der Kontraste, die klare Manifestation eines dramatischen sozialen Konflikts. Der „Weihnachtskitsch“ war - und ist - die Sprache jenes schlechten Gewissens, das von dem Dilemma weiß, beileibe aber keinen Willen und kein Rezept besitzt, um etwas zu ändern. Bitter-süße, zu Tränen rührende Weihnachtsgeschichten suchten Harmonien zu konstruieren, die es in der Realität nicht gab, über dem Schluchzen hinter weißen Batisttaschentüchern konnte man vergessen, daß eigentlich Taten gefragt waren, nicht wehmütige Gefühle. Ein Musterbeispiel für diesen Weihnachtskitsch war die rührende, damals häufig kolportierte Geschichte vom kleinen Jungen oder Mädchen, der/das am Grab der toten Mutter erfriert - nur im Tode, so die sentimentale *conclusio*, ist die familiäre Wiedervereinigung möglich. Von dieser Geschichte kursierten zahlreiche Versionen, Saphir setzte den *Stoff* in gebundener Spache um:

Bescheerung am Grabe

Ein Knabe, der allein auf Erden,
Der Vater nicht, nicht Mutter hat,
Der arm und hilflos steht hienieden,
Der seines blaßen Daseins satt;

Er geht hinaus am Weihnachtsabend
In des entleg'nen Friedhofs Raum,

Und auf das Grab der heißbeweinten Mutter
Setzt er den kleinen Weihnachtsbaum;

Zwei Lichtlein steckt er auf das Bäumchen,
Aus Zuckerwerk ein kleines Herz,
Dann kniet er hin und netzt die Erde
Mit Thränen, ausgepreßt vom Schmerz:

„Der Mutter bring' ich dieses Bäumchen,
Weil heute heil'ger Abend ist;
Nimm's an als kindlich' Liebeszeichen,
Und daß Dein Kind Dich nie vergißt!

Christkindlein kann auf's Grab auch kommen,
Wenn es der Waise was bescheeren will,
Der Waise, die so einsam wandelt,
Verweint die Augen, bleich und still!" –

Dann stellt der Knab' im frommen Glauben
Sich hinter's Grab und lauscht und wacht,
Ob nicht das Christkind wird erscheinen
Beim Bäumchen auch um Mitternacht!

Und Christkind naht im Strahlenscheine
Dem Kinde, das an ihn geglaubt,
Bescheert den Himmel ihm zum Weihnachtsabend,
In ew'gen Schlummer sinkt des Kindes Haupt.

Belletristische Ethnographie: Friedrich Schlögl.
Foto Fritsch & Heidenhaus, um 1880.

Ein Text, der heute wohl eher Brechreiz erregt als zu Tränen rührt! Der Zynismus, mit dem hier Christkind, Weihnachtsbescherung und Tod in eins verschmolzen werden ist beinahe unerträglich, ebenso die seltsame Teilnahmslosigkeit, mit der dieses Waisenkind seinem Schicksal überlassen wird. Bewußt drückt Saphir auf die Tränendrüse - eine Haltung des Autors, die problematisch ist - sie hat zu tun mit Unwahrheit, mit Schweigen, mit dem Einüben von Inaktivität. Der unglückliche Status quo des Waisenkinds wird weiter nicht diskutiert, sondern einfach zur Kenntnis genommen - die Gesellschaft hilft ihm nicht, dafür das Christkind in der Gestalt des Todes.

Die Diskrepanz zwischen verklärend-sentimentalem Weihnachtskitsch und sozialer Realität blieb auch so manchem Zeitgenossen nicht verborgen - zu einem der heftigsten Kritiker dieser alljährlich wiederkehrenden „Märchen" wurde der Feuilletonist Friedrich Schlögl (1821-1892). Als erstes von 14 Kindern eines Hutmachers und Billeteurs am Kärntnertortheater in Mariahilf geboren, lernte Schlögl die Schrecken der Armut am eigenen Leibe kennen: Nur unter größten Entbehrungen konnten ihm die Eltern den Besuch des Gymnasiums ermöglichen, schließlich mußte er die Schule aufgrund fehlender finanzieller Mittel verlassen; als 19jähriger trat er 1840 in die Wiener Militärrechnungskanzlei ein und begann neben seiner Tätigkeit als pflichtgetreuer k. k. Beamter für Zeitungen - vor allem dem angesehenen *Neuen Wiener Tagblatt* - Humoresken, Skizzen und Feuilletons zu schreiben. Schlögl, dessen „Ur-Erlebnis" (Karlheinz Rossbacher) die Enttäuschung der Revolution von 1848 war, pflegte in seinen Feuilletons - Ferdinand Kürnberger definierte sie treffend als „belletristische Ethnographie über Wien und die Wiener" - einen sinnlich-kraftvollen Stil, der Satire und ungeschminkte Sozialkritik eindrucksvoll zu verbinden wußte. *Kleine Culturbilder aus dem Volksleben der alten Kaiserstadt an der Donau* nannte er seine ungemein engagierten Texte, die nicht selten auch gleich den eindringlichen Appell an den Leser richteten, doch endlich für eine Änderung der inkriminierten Verhältnisse zu sorgen. Die Kluft zwischen Schein und Sein blieb Schlögl auch im Falle der Wiener Weihnachts-Rituale nicht verborgen, denen er in *Wiener Blut* (1872), seiner ersten Sammlung von Feuilletons, auffallend breiten Raum zubilligt. Ihm, dem Kind der Vorstadt, waren Not und Elend schmerzhaft gegenwärtig; scharfsinnig durchschaute er die Alibifunktion, die dem allgemein beliebten Gerede über weihnachtliche Mildtätigkeit zukam. Nicht das Fest an sich fordert Schlögl zur Kritik heraus, sondern die Gedanken- und Teilnahmslosigkeit, mit der sich das begüterte Bürgertum seiner moralisch-sittlichen Pflicht zur Hilfe entledigte. Der folgende Text (Seite 121) über das Weihnachtsfest der Deklassierten dokumentiert Schlögls soziales Engagement und Angriffslust.

*„Ach, Vater, was bedeuten die Lichtlein denn heute,
Die aus den Häusern zu glänzen beginnen?“ –
Humorist und Wiener Punch, 24. Dezember 1848.*

„Ach, wie die Kinder sich ergötzen
An den Eisblumen auf der Scheibe,
Das Eine will den Hauch d'ran setzen,
Doch das And're spricht: „Bei leibe!"
Humorist und Wiener Punch, 24. Dezember 1848.

Friedrich Schlögl

Weihnachten

Es gibt doch Tage im Jahre, wo ich ein – Millionär sein möchte. Damit will ich nun, so lächerlich es auch vielleicht klingt, es gleich gestehen, daß ich mich gerade nicht sehne, es alle Tage zu sein, weil ich diesen – Zustand für langweilig halte. Ich habe mich eben als schreiendster Contrast eines Millionärs mitunter doch zu gut amusirt und ohne Million zu glücklich befunden, um mich so ganz ohne Bedenken in die Epidermis dieses oder jenes Coupons-Potentaten der Ringstraße zu wünschen, aber – wie gesagt, einzelne Tage gibt es, an denen ich, und wenn ich mir selbst auch nicht einmal ein Paar Sardinen oder anderen Luxus vergönnen würde, doch für mein Leben gerne mit einer gemästeten Brieftasche armirt, aus der Hausflur treten möchte. Z. B. am Christabende.

Ich weiß nicht, ob es mir allein so ist, oder ob nicht auch Andere, die ebenfalls Augen haben für das, was zu sehen ist, dasselbe Gefühl beschleicht, aber mir erscheint das Elend, die Armuth, die Noth immer am herzzerreißendsten, am hilfsbedürftigsten und des Mitleids am würdigsten, wenn – das Christfest, unser herrlichstes und poetischestes und lieblichstes Fest naht und mit ihm die „Saison“ der gegenseitigen „Bescheerung“, wo jeglich Gemüth erfreut wird und nur die allerärmsten der irdischen „armen Teufel“ (beiderlei Geschlechtes) leer ausgehen.

Mein Gott! Ich kenne das leider ja aus eigener Erfahrung. Keine traurigeren „heiligen Abende“, als die ich in meinen Bubenjahren selbst verlebte und die wir Kinder in schlecht erwärmter Stube, bei Kartoffeln – natürlich ohne Butter „feierten". Es ist, glaube ich, keine Schande, zu gestehen, daß man von armen Eltern abstammt, die sich ihr Stück Brot wohl ehrlich, aber auch sauer verdienten und denen der einzige Himmelssegen, dessen sie sich erfreuten: ein Zimmer voll Kinder, genug zu sinnen und schaffen machte. Wir Kleinen waren schon so „gescheidt“, daß uns der Freudenspectakel in nächster Nähe nicht entging, wir sahen recht gut all die Vorbereitungen, die der Nachbar oder gar die „Hausfrau“ traf, um dem höchsteigenen Nachwuchs die vorgeschriebene Freude zu machen. Wir sahen dann, als es finster ward, wie ringsum der ganze Apparat in Thätigkeit kam, wie das schöne Fest eigentlich scenirt wurde

1861. Wien, 26. Dezember. Nro. 54.

Telegraf.

Abbonnement für Wien, vierteljährig	fl. 1.50	Abbonnement für die Provinzen, vierteljährig	fl. 2.—
" " " halbjährig	fl. 3.—	" " " halbjährig	fl. 4.—
" " " ganzjährig	fl. 6.—	" " " ganzjährig	fl. 8.—

Einzelne Nummern loco Wien 6 Nkr.

Heft-Ausgabe in 26 Heften im eleganten Umschlage à 25 Nkr., fl. 6.50, mit frankirter Postversendung fl. 8.50.

Die Tanne und die Pappel standen beisammen am Bache, als nächste Nachbarinnen. Wenn nun Alles rings-um still war im Felde, und nur der Abendwind die Blätter und Halme rührte, da flüsterten die beiden Nachbarinnen ganz vertraulich mit einander und vertrauten sich gegenseitig ihre innersten Geheimnisse an. Nur wußte die Pappel gewöhnlich zu Vielerlei, sprach geringschätzend von Andern und nur von sich immer das Beste, und hörte manchmal den ganzen Tag nicht auf, der gutmüthigen Nachbarin Tanne vorzupappeln; denn die Pappel war etwas eitel und eingebildet, hörte sich überaus gerne reden und that dabei so herablassend gegen die Tanne, als ob sich's die zur größten Ehre schätzen müßte, mit ihr sich unterhalten zu dürfen. Sie dünkte sich eben viel erhabener als die Nachbarin.

So sagte sie einmal, indem sie etwas verächtlich die Tanne ansah:

„Hört Nachbarin Tanne! Ihr seid doch recht bemitleidenswerth! Jetzt in der schönen Sommerszeit, wo Alles in grüner Blättertracht im Sonnenschein steht, habt Ihr noch immer euer rauhes, dunkles Winterkleid an. Seht nur mich an, wie freundlich lachend, leicht und schön ich gekleidet bin. Ich darf mich sehen lassen. Habe aber auch eine schöne, stattliche Figür." —

„Ja, ja, Ihr seid sehr lange, Frau Base!" sagte die Tanne dazwischen und machte eine höfliche Verbeugung, da gerade der Wind ihren Wipfel bewegte.

Obgleich nun die Pappel das sehr gnädig aufnahm, sagte sie doch:

Ein Titelblatt mit Symbolcharakter: Der Christbaum hat sich einen festen Platz in der Krippe erobert.

und wie man allenthalben die Geschenke für Alt und Jung und sogar für das Gesinde ausbarkirte. Denn man gestattete uns, weil wir so artig und sittsam waren, zuzusehen, wie man Anderen Freuden bereitete.

Wenn dann die Stunde kam und wir pochenden Herzens des Augenblicks harrten, wo es losgehen sollte, da – schickte man uns heim; wir schlichen dann seufzend fort und begaben uns zur Mutter, die krank im Bette lag, aber wir schwiegen von all den Herrlichkeiten, die wir geschaut, denn wir erzählten nur einmal davon und nie wieder – die arme Mutter weinte zu bitterlich ...

Dann aßen wir unsere Kartoffel, aber verstohlen lugten wir, die Vorhänge lüftend, doch hinüber zu den erleuchteten Fenstern; wir sahen, wie die Kerzchen flimmerten und wie sich Gestalten um den prächtigen Baum drängten ... dann sahen wir Geschwister uns heimlich an und zwinkerten wohl mit den Augen und ein ganz kleines, leises Seufzerchen – ein gar bescheidenes Wünschchen entstieg vielleicht unserer Brust, aber um Alles in der Welt verriethen wir nichts davon – wir aßen nur in schonender Verständnissinnigkeit an unseren Kartoffeln schweigend weiter.

Dann huschten wir in's Bett. Freilich umgaukelten uns, bis der milde Schlaf sich auf unsere Augenlider senkte, und dann vielleicht sogar noch üppiger und verführerischer all die reizenden Bilder, die wir noch wachend träumten und uns wohl selbst so entzückend schön ausmalten. Aber unglücklich, so recht unglücklich fühlten wir trotz aller momentanen Entbehrungen dennoch nicht. Auch unser „heiliger Abend" kam, wenn auch um ein oder zwei Tage später; wir erhielten dann immer von irgend einer weichherzigen Familie den zwar von allen, selbst von den kleinsten Geschenken und dem bescheidensten Backwerk-Ringelchen bereits entblößten Weihnachtsbaum, aber die farbigen Papierstreifen hingen noch daran und ein paar Fetzen Rauschgold, da konnten wir noch eine Woche lang damit spielen und uns ergötzen. – Ach der freudigste „heilige Abend" meiner Kindheit war doch der, als ich von meiner Tante die ersten warmen Handschuhe zum Geschenke erhielt und die Erlaubniß, sie auch an Wochentagen tragen zu dürfen. Heute noch fühle ich die wohlige Empfindung, die mich damals beschlich, als ich in die mit einer Schnur verbundenen prächtigen – Fäustlinge mit beiden Händen zugleich hineinfuhr.

So wuchs ich heran, und das Schicksal sorgte emsig dafür, daß es an meinen nächsten Weihnachtsabenden gleichfalls nicht gar zu toll herging. Dann kamen die Jahre, wo ich ein Königreich zu den Füßen eines theuren Wesens hätte hinlegen mögen, aber dem Himmel danken mußte, wenn ich imstande war, Ziegelhauser's „Thalia" oder ein ähnliches ästhetisches Prachtwerk zu erschwingen und mir dafür den süßesten Dank aus schönen Augen und von schönen Lippen holen durfte. Und als ich endlich nach traurigster Lebensfahrt das erste Weihnachtsbäumchen zwischen meinen eigenen Pfählen selbst aufstellte und die Kerzchen anzündete und – meinen Buben auf dem Arm, ihn all die flimmernde Herrlichkeit schauen ließ – da jauchzte wohl auch zum ersten Mal mein Inneres laut auf, und wie ich so des Jammers und der Noth und der Mühsal vergangener Tage gedachte, da wurden meine Augen feucht – aber ich dankte auch Gott aus redlichem Herzen, daß er mich nun so glücklich gemacht ...

Wenn ich deshalb an diesen Tagen ein abgehärmt' Gesicht begegne, in dessen Kummerfurchen es zu lesen, daß hier eine vom Unglück niedergebeugte oder von aller Welt verlassene Seele ist, die ihr Leid doppelt fühlt, weil eben alle Welt – scheinbar – vergnügt und glücklich, aber theilnahmslos vorüberstürmt, da – ist dann der Augenblick, wo ich gerne in die Genossenschaft der Herren Millionäre mich möchte aufnehmen lassen, beim Himmel! nur um Gutes zu thun und so manche Augen zu trocknen!

Denn es ist so entsetzlich viel Jammer mitten unter uns! Und es gibt einen Jammer, der sich nicht auf die Straße hinaus, an eine günstige Ecke postirt und laut um Mitleid winselt – das wahre Unglück, das uns, wenn wir es aufsuchen möchten, bei seinem Anblicke die Brust zusammenschnürt, bleibt daheim auf seiner Kammer und hungert und friert und fährt sich nur mit zitternden Händen über die bleiche Stirne, wenn es all das Elend überschaut, das zwischen den kahlen vier Wänden so unbarmherzig wüthet. Dann wirft sich der Ärmste, wenn er den Seinen, während der Jubel des Nachbars wie höhnend herübertönt, vielleicht zur Stunde nicht einmal eine Kruste trockenen Brotes geben kann, oder die Mutter, der die fahlen Züge ihrer still in einem Winkel kauernden armen Würmer einen verzweifelnden Aufschrei erpressen, auf die schlechten Pfühle und weint und läßt diese heißen Thränen die einzige Anklage gegen das Geschick, den stummen Schmerz der Kleinen den einzigen Fürsprecher der Noth vor dem Auge des Ewigen sein.

Lügt mir darum nicht mit Eurem Wohlthätigkeitssinne und prunkt nicht mit einer Unmasse edler Thaten! Es geschieht wohl Manches, aber wahrlich nicht allzu viel. Geht hinaus in die entfernteren Bezirke und drückt an die erste beste Klinke, und wenn sich die Thüre öffnet, seht Ihr vielleicht mehr der Noth und des Mangels, als Euch lieb ist, um ausgiebige Hilfe bringen zu können. Erfindet mir kein Märchen von verschleierten, vornehmen Damen, die an die „verlassenen Hütten der Armuth“ geklopft und die Bescheerung des „Christkindels“ durch einen reich gallonirten Diener abgegeben hätten. Kein Mensch hat noch diese wohlthätige Dame gesehen, niemand ist von diesem fabelhaften „Engel“ betheilt worden, der nur zu gewissen Zwecken erdichtet wurde. Geht selbst hinaus, und laßt es

Nur mehr Dekor: Die Heilige Familie, Ochs und Engel, im Vordergrund dagegen: die Kinder und der Christbaum. Das bunte Blatt, Dezember 1895.

Euch an dem wohlfeilen Gedanken, und laßt es Euch an dem wohlfeilen Gedanken, daß irgend ein sogenannter „Incognito-Engel“ anstatt Eurer Gutes stiftet, nicht genügen; sucht selbst die „Hütten der Armuth“ auf und ist Euch der Weg zu beschwerlich oder das Wetter zu schlecht, Ihr findet dann auch in nächster Nähe des hilfsbedürftigsten Jammers in trauriger Menge und Ihr könnt wohlthun in Hülle und Fülle, ohne daß vielleicht – was immer Eure Sorge ist, etwa auch nur ein Unwürdiger an den Gaben Eurer Milde theilnimmt!

Blickt doch um Euch, Ihr edlen Herren und Damen! Nochmals sei es gesagt, nicht was in Lumpen gehüllt, Euch vor die Füße tritt, ist gerade das jammervollste Elend. Das Elend, das ich meine, die Noth, die ich Euren weichen Herzen anempfohlen wissen möchte, schreit nicht laut um ein Almosen; in stiller Resignation hält sie mit der flehenden Bitte zurück, sie läßt nur ihren zu Boden gesenkten Blick, den scheuen Schritt, die bleichen Wangen (...) für sich sprechen. Das Weib, das Kind des Arbeiters, der vielleicht auch noch eine alte kranke Mutter zu ernähren und seinen kärglichen Lohn unentschlossen in der Hand wiegt, ob er ihn auf Brot oder – Arzneien verwenden soll; die arme Näherin, die mit halbblinden Augen bei einem ärmlichen Lämpchen und dünner Wassersuppe sich die Finger wund sticht an dem Seidenkleide für Eure kostspielige Freundin; der kleine Beamte, dessen winziger Gehalt erst in acht Tagen fällig ist, aber nicht für ihn, sondern für den ungeduldigen Krämer und Fleischer, und der mit schmerzlichem Lächeln ringsum die prunkhaften Geschenke ausgestellt sieht, die für die „Glücklichen der Erde“ bestimmt sind, indeß er nicht einmal ein paar vergoldete Nüsse nach Hause bringen kann, um seinen jüngsten Sprößlingen nur einen Abend lang eine Freude zu machen; die elternlose Waise, die sich für schwere Arbeit nur trockenes Brot und einen Hundestall als Lager und weiter nichts, nicht einmal einen freundlichen Blick erkämpft; die arme, von aller Welt vergessene Witwe, die in ihrem Dachkämmerchen in vergilbten Briefen blättert und mit überquellenden Augen noch einmal die alten Schwüre liest, und wieder liest, die ihr einstens geschworen wurden, und die sich mit diesem geschriebenen Immergrün ihrer ersten und letzten Liebe – da sie sonst nichts mehr besitzt, auch einen „heiligen Abend“ in ihrer Brust zu bereiten weiß – diese freudenlosen, abgekümmerten Gestalten sind meine Schützlinge. Seht, die Alle drängen sich nicht an Euch heran, sie halten Euch nicht die offenen Hände entgegen und keine widerlichen Gebresten, mit denen sie Euer Mitleid erkaufen wollen – aber ihr stiller Kummer und Schmerz soll lauter und dringlicher zu Euch sprechen, als das lärmende Lamento professioneller Bettler. Seht Euch in Eurer nächsten Nähe um, spornt Euer Gedächtniß an – vielleicht erinnert Ihr Euch an irgend ein hilfbedürftiges Wesen, das Eurer Milde werth ist.

Weihnachtsgeschichten und -gedichte erfreuten sich steigender Nachfrage.

Weihnachts-Rosen

für Jung und Alt

von

Victorine Freiin von Handel.

Der Reinertrag ist wohlthätigen Zwecken gewidmet.

Druck und Verlag der „St. Norbertus" Druckerei.

Kindheitsheimat Weihnachten

Seiner erfolgreichen Sammlung *Waldheimat* (1877), deren Weihnachtsgeschichten bis heute zu den populärsten dieses Genres zählen, stellte Peter Rosegger, der Chronist alten bäuerlichen Lebens, ein Vorwort voran, das er mit dem Ausruf „Kindsheimat!" einleitete - der Blick zurück in die Vergangenheit, Erinnern und Träumen werden zu einem Schatz erklärt, der „unverlierbar und unzerstörbar" ist. Jene Fixierung auf die Kindheit, bei Rosegger die erzählerische Rückkehr auf den Bergbauernhof seiner Eltern, läßt sich nicht nur bei Rosegger beobachten, sie erscheint als Hauptthema auch in den Texten zahlreicher Wiener Autoren, und auch hier rückt wie bei Rosegger die Erinnerung an Weihnachten in den Vordergrund. Dem Kindheitserlebnis wird nunmehr von einer Generation gedacht, die Weihnachten bereits im neuen Gewand - als Kinderfest mit Christbaum und Bescherung - erlebte. Damit tritt ein nostalgisch-sentimentales Element zu den Texten, das bald aus dem weihnachtlichen Diskurs nicht mehr wegzudenken ist.

Betrachtet man nun die Wiener Weihnachtsliteratur des 19. Jahrhunderts in einem größeren Zuammenhang, so trifft auch hier eine Beobachtung von Rudolf Schenda zu, die dieser in *Volk ohne Buch*, seiner großen Sozialgeschichte populärer Lesestoffe, machte: Der *circuit local*, also die Menge der nur lokal verbreiteten und konsumierten Texte, bestimmte das Bild, man bevorzugte Weihnachtsgeschichten mit Lokalkolorit, mit jenen bekannten Schauplätzen, die man aus dem Alltag nur allzu gut kannte, während die Produktion des *circuit nationale* - im gesamten deutschsprachigen Raum vertriebene und gelesene Weihnachtstexte - wohl wenig beachtet wurde.

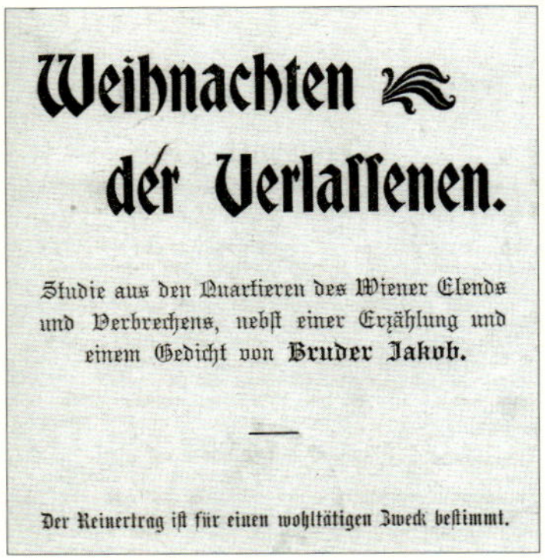
Weihnachten der Verlassenen.

Studie aus den Quartieren des Wiener Elends und Verbrechens, nebst einer Erzählung und einem Gedicht von Bruder Jakob.

Der Reinertrag ist für einen wohltätigen Zweck bestimmt.

Mädchen unterm Christbaum. Gemälde von Hedwig Mechle-Grosmann, um 1890. Linke Seite: Ein beliebtes Thema der Wiener Weihnachtsliteratur: Arme, Kranke, Außenseiter

Weihnachtsabend in der Hofburg: Erzherzogin Valerie, Kaiser Franz Joseph, Kronprinz Rudolf, Prinz Leopold von Bayern, Erzherzogin Gisela und Kaiserin Elisabeth (von links). Holzstich nach Franz Kollarz aus: „Über Land und Meer“, 45. Jg.

Ein kritischer Moment! Kolorierter Holzstich von A. Schwarz, um 1900.

Platz Am Hof mit Christkindlmarkt. Johann Nepomuk Geller, Öl auf Leinwand, um 1900.

Weihnachten 1913: Noch ist die Welt der k. u. k. Monarchie in Ordnung, das Soldatenspiel kindliches Vergnügen ...

Die bedeutenden Wiener Spielzeughersteller gaben zu Weihnachten regelmäßig Kataloge („Preis-Berichte") heraus.

Für den „volklich gesinnten" Österreicher ein willkommener Anblick: das Schwein, dem schon die alten Germanen zur Zeit der Rauhnächte besondere Verehrung entgegenbrachten.

Ada Christen

Hörst auch du die leisen Stimmen?

Hörst auch du die leisen Stimmen
aus den bunten Kerzlein dringen,
die vergessenen Gebete
aus den Tannenzweiglein singen?
Hörst auch du das schüchtern frohe
Kinderlachen wieder?
Schaust auch du den stillen Engel
mit den reinen, weißen Schwingen?
Schaust auch du dich selber wieder
fern und fremd nur wie im Traume? –
Grüß' auch dich mit Märchenaugen
deine Kindheit aus dem Baume?

Ada Christen (1839–1901), die Tochter eines im Gefolge der Revolution von 1848 verarmten Wiener Großkaufmanns, provozierte ihre Zeitgenossen durch ungewohnt offene, gesellschaftskritische Texte und stieß damit bei dem wenig aufgeschlossenen Wiener Publikum großteils auf entrüstete Ablehnung. Während ihre kämpferische, für die Sache der Frau eintretende Lyrik (*Lieder einer Verlorenen*, 1868) und Prosa heute beinahe vergessen sind, findet das obige Gedicht immer wieder Aufnahme in Weihnachtsanthologien, appelliert es doch an einen der schönsten Momente des Weihnachtserlebnisses: an den Zauber von Kindheitserinnerungen. Für die Generation Ada Christens war das Weihnachtsfest mit Christbaum und Bescherung längst zur selbstverständlichen Tradition geworden.

Ihr Weihnachtsgedicht „Hörst auch du die leisen Stimmen?" wurde zu einem Klassiker – als schreibende Frau erregte sie bei den Zeitgenossen vielfach Anstoß: Ada Christen. Foto Székely, um 1890.

Friedrich Schlögl

Der Christkindl-Tribut

Das ist die allererlogenste Phrase, wenn Einer, sich die Augen trocknend, mit sentimentaler Seufzerbegleitung ausruft: „Diese Woche gehört den Kindern!“ Nicht wahr ist's; die Christkindlwoche gehört allen Leuten, denn sie ist die Bescheerungswoche, und beschenkt oder doch mit kleinen „Aufmerksamkeiten“ und sonstigen Liebesgaben bedacht und ausgezeichnet will Jedermann werden; es dies eine ebenso ohne Unterschied des Alters und Standes empfundene, wie auch confessionslose Inclination des gesammten egoistischen Menschengeschlechtes, und der specifisch christliche Cultus ist in praktischer Erkenntnis der günstigen Situation längst schon von anderen Culten freudig acceptirt worden, d. h. insoferne er sich auf den löblichen Gebrauch der Empfangnahme von Geschenken (jeglicher Sorte) bezieht.

Und so feiert denn am Schlusse dieser Woche nicht nur die unzweifelhaft katholische Bevölkerung der allerchristlichsten Bezirke ihr sinnigstes Fest; es wittern auch die – gebogensten Nasen und Näschen eine kleine Überraschung, und die putzigsten Aspiranten von einstigen Verwaltungsrathstellen, die noch allerwinzigsten künftigen Bräute von Generaldirectoren sehen mit klopfenden Herzen einem reichdotierten – Weihnachtsbaum entgegen, der allerliebste Pelzkrägelchen und geschmackvolle Remontoirs als Vordividenden tragen soll.

Ich habe gegen diese antiorthodoxe Weihnachtstantième nichts einzuwenden, schon deshalb nicht, weil die Zahl der fröhlichen Gesichter vermehrt wird und weil ich es auch vom beliebten volkswirtschaftlichen Standpunkt aus nur segnen kann, wenn die gewerblichen Anhänger der alleinseligmachenden Kirche wenigstens in dieser Woche gute Geschäfte machen, sei es auch durch – Ungläubige oder Ketzer. Es fragt sich nur im Allgemeinen: Was, wie und warum gibt man?

Was man gibt oder vielmehr geben soll, darüber belehrt ein Blick auf die Inseratenseiten oder nach den Schaufenstern, oder ein Spaziergang durch das hölzerne Barackenlager, vulgo: am Christkindlmarkt.

Weihnachtsbescherung für arme Kinder, veranstaltet von einem Wiener Wohltätigkeitsverein. Holzstich nach einer Vorlage von Wilhelm Gause, um 1880.

Christabend in einer Wiener Wärmestube. Holzstich nach einer Vorlage von Wilhelm Gause, 1887.

Die athemlose Industrie kennt keine poetischen Alluren, und da die nüchterne Generation ebenfalls nur vom Utilitätsprincipe geleitet wird, so ist es natürlich, daß man diesem sogenannt einzig vernünftigen Triebe alle denkbaren Wege eröffnet und im echten Geschäfts-Cosmopolitismus heute fast nur mehr solche merkantile Specialitäten als „passende" Weihnachtsgeschenke offerirt, welche mit dem Gepräge der Brauchbarkeit geziert, thatsächlich auch „benützt" werden können und nicht allein zur stillen, wonniglichen Freude contemplativer Naturen bestimmt sind. Damit will ich nun nicht behaupten, daß sich nicht auch noch einzelne Schwärmer finden, welche für ein Creditpromesse oder ähnliche Werthfictionen, die nur der edelsten Anspruchslosigkeit genügen, Sympathie fühlen, sowie ferners, daß man nicht auch hie und da den „lieben Kleinen" mit einer Trommel oder Trompete eine so recht sinnige Herzensfreude, und zwar ohne kalt berechnete Rücksicht auf die nachbarlichen Zeitgenossen, bereiten will, aber die Mehrzahl der Geschenkgeber schwankt doch nur mehr in der Wahl zwischen – Gummischuhen und einem gut verzinnten Waschschaff, warmen Barchenthosen und Moderateurlampen, Pudelmützen und Fäustlingen, Ofenschirmen und Stiefelziehern, Bierkrügen und Pelzschuhen, echten Prager Schinken und rothbesäumten Krinolinen, dem Privat-Wirthschafts- und Auskunftskalender und Pfeifenstellagen, Holzkörben und Abstaubern, Cigarrentaschen und Strumpfbändern, Cravaten und Kniewärmern, Bratpfannen und Operngucken, Tranchirmessern und Portemonnaies, Nachtkästchen und sonstigen häuslichen Necessaires, die auch über die Festwoche hinaus nützliche Dienste versehen sollen. Die Aera der obligaten Blumensträuße sammt Almanachen ist ebenso überwunden, wie die zart-billige Methode der Widmung von Akristichons und anderen Stammbuchversen.
Ja, diese leidige Brauchbarkeitstheorie erstreckt sich nicht nur auf die wechselseitigen Gefühle der Erwachsenen, d. h. auf die Gaben der Eheleute und Liebenden unter einander, welche Letztere bereits ebenfalls unter dem Nullpunkt des Sensitiven angelangt und schon stark in Christkindl-Hosenträgern und – vice versa – Staubkämmen etc. machen; auch der holdesten Kindheit muthet man die Würdigung, das Anempfinden solch praktischer Tendenzen zu, und begeht in moderner Herzensbarbarei die Lieblosigkeit, das vertrauensvolle Gemüth, den arglosen Sinn der süßesten Jugend selbst in dem stimmungsreichsten Momente mit – Schultafeln und Rechentafeln eher zu erschrecken und zu ängstigen, als mit Backwerk und lebzelternen Reitern u.s.w. zu ergötzen.
Analog mit dieser nüchternen Denkweise, die nur in den allerseltensten Fällen eine sinnige Concession von Schlittschuhen oder Puppen (mit beweglichen Augen) gestattet und somit auch in den Kreisen der reinsten, elfenmäßigen

Unschuld die Perspective auf Pracht- und Wundergaben und auf liebliche Tändeleien und artiges Spielzeug allmählich verdüsterte, geht auch die Art des Gebens, die gleichfalls den Mehlthau jeglicher Poesie abgestreift und den Zauber der Freudebereitung und Überraschung längst eingebüßt hat.

Der Termin der pflichtschuldigen Bescheerung naht, und man sendet ein Rudolfslos mit der Visitkarte an die betreffende Adresse, oder der Dienstmann übergibt ein Stück „Gradl" auf Bettüberzüge und meldet eine „schöne Empfehlung vom Gnä' Herrn", der inzwischen zum Lothringer gegangen; oder ein zerlumpter Lehrjunge schleppt „grußmächtige schware Speiskastl" herbei und stellt „Christkindl in Kuchl"; oder ein Hausknecht bringt einen „Hut Zucker" und fünf Pfund Kaffee und läßt hiezu im tiefsten Baß die Bemerkung fallen, daß er für „den Gang nit zahlt is"; oder eine „Probirmamsell" erscheint mit dem Bündel und liefert die Sammtmantille ab, glaubt aber in neckischer Plauderhaftigkeit es nicht unerwähnt lassen zu sollen, daß eine noch viel schönere Mantille von dunkelblauem Sammt vorräthig gewesen wäre, daß aber der Herr gemahl so unendlich „klug" sei und so erschrecklich viel „handeln" wollte u.s.w. Von jener traditionellen, gemüthsinnigen, lauschenden Überraschung bei flimmernden Kerzchen, accompagniert von dem Jubelgeschrei des freudetrunkenen Nachwuchses ist kaum mehr eine Spur; die Beschenkung ist ein familiärer Tribut, also – wozu die vielen Umstände ...

Unter dem Tannenbaum.

Weihnachtsgeschichten

von

Ferdinand Neidhardt.

Wien.
Verlag von A. Pichlers Witwe & Sohn,
Buchhandlung für pädagogische Literatur und Lehrmittel-Anstalt
V. Margaretenplatz 2.

Poetisches zum Fest hatte Konjunktur.

(...) Ja, der Christkindl-Tribut ist ein unnachsichtlicher und unabwendbarer, und wenn ich zuvor angedeutet, daß

Am Weihnachtstage: Im ersten Stock. Das bunte Blatt, Dezember 1895.

man seinen Satzungen manchmal in etwas zu gleichgiltiger Façon und eben nicht in den delicatesten Formen und nicht mit den aimabelsten Manieren gehorcht und oft nur die schuldige Pflicht oder auch die leidige Gewohnheit in der eigenthümlichen Behandlung dieser zarten Angelegenheit zu sichtbar zwingenden Motoren werden, so ist doch nicht zu läugnen, daß hinwieder einzelne Geber weder Mühen noch Kosten scheuen, um ihre Großmuth wie Verehrung der respectiven Persönlichkeit auf's Luxuriöseste zu manifestieren.

Es gehört nämlich auch in gewissen Kreisen zum *bon ton,* gerade mit dem „Christkindl", d. h. dem Festgeschenk, so recht in die Augen springend zu brillieren und ergötzt es die betreffenden – Mäcene nicht wenig, ihre Schützlinge mit der Weihnachtsspende in den ersten tagen öffentlich paradiren zu sehen. Ein halbwegs kundiges (weibliches) Auge, das mit der Genesis der Garderobe notorischer Modedamen vertraut ist, weiß denn auch auf den ersten Blick, daß z. B. das Türken-Collier in jener Loge ein „Christkindl" und mit dem Besitzer dieses Ecksperrsitzes fast in vitalem Zusammenhange steht; daß der prächtige Zobel in jenem Unnummerirten seinen Donator auf edlem Vollblut in nächster Nähe hat und daß dieser Marabuts das erste Mal in der Christnacht vor dem Spiegel erprobt wurde. Welche unkirchlichen Nebenumstände, welch antiascetische Impulse mögen – wenn auch nur sporadisch – mit der Geschichte solcher Christbescheerung verbunden sein!

Weihnachten vor Mayerling

Kaiser Franz Joseph an Katharina Schratt

Am 21. Mai 1886 - im Hintergrund zog heimlich die Kaiserin die Fäden - hatte Kaiser Franz Joseph im Atelier des Malers Heinrich von Angeli die schöne Burgschauspielerin Katharina Schratt das erstemal privat getroffen, und seit diesem Tage bewegte er sich in einem seltsamen Viereck, in dem ihm drei Frauen gegenüberstanden: Sisi, seine Frau, Anna Nahowski (1859-1931), seine Geliebte, und die „Freundin" Katharina Schratt (1853-1940), umschwärmt von der Männerwelt, verheiratet mit dem ungarischen Landedelmann Nikolaus Kiss von Ittebe. Der im folgenden zitierte Brief vom Heiligen Abend 1888 an die Schratt demonstriert, daß man selbst als Kaiser in so einer Situation „Streß" nicht ganz vermeiden konnte. Und es sollte das letzte Weihnachtsfest zusammen mit seinem Sohn werden - wenige Wochen danach ereignete sich die Tragödie von Mayerling ...

Wien, den 24. Dezember 1888

Meine liebe gnädige Frau,
Indem ich Ihnen von ganzem Herzen recht glückliche Feiertage wünsche, erlaube ich mir, Ihnen mitfolgendes Bracelet nebst Bonbonnieren zum Christkindel zu Füssen zu legen. Ich hoffe, daß Sie diese Kleinigkeit mit gewohnter Güte als ein schwaches Zeichen meiner innigen Freundschaft annehmen werden. Die Photographie Valéries, welche Ihnen bei Frau v. Ferenczy gefallen haben soll, und die Unglück abwendende kleine Hand schickt Ihnen die Kaiserin. Hoffentlich werden Sie den heutigen Abend recht heiter und zufrieden zubringen und sind Sie durch die Vorbereitungen für den Christbaum nicht zu sehr ermüdet. Ich war sehr glücklich Sie Gestern in der Messe zu wissen, denn von sehen kann man bei der in der Kirche herrschenden Finsterniß eigentlich nicht sprechen und ich danke Ihnen, daß Sie fleißig gesessen sind.
Sehr um Verzeihung muß ich bitten, daß ich später am bewußten Fenster nicht erschienen bin und ich bereute es

„Seine Majestät im Familienkreise am ersten Weihnachtsabend (1898) weil. Ihrer Majestät". Postkarte nach einer Zeichnung von Carl von Kobierski. In älteren Jahren verbrachte Franz Joseph das Weihnachtsfest immer bei seiner Tochter Marie Valerie und ihren Kindern in Wallsee - die tote Kaiserin schwebt hier als Engel zur Tür herein.

Weihnachtliches Plauderstündchen bei einer Schale Tee: Kaiserin Elisabeth (schreibend) mit ihrer Vorleserin Ida von Ferenczy in deren Wohnung. Foto, 1891.

innig, als ich Sie von einem der Fenster des Salons der Kaiserin aus über den Burgplatz wandeln sah und, wofür ich herzlichst danke, einige Male zu dem verhängten Fenster hinaufblicken sah. Zu meiner Entschuldigung kann ich nur vorbringen, daß ich, nachdem Sie mir gesagt hatten, Sie würden früher als sonst über den Platz schreiten, bis nach 8 Uhr in meinem Zimmer wartete dann aber dachte, Sie wären wegen Toni, oder weil Sie sich vielleicht doch nicht ganz wohl fühlten, aus der Kirche directe nach Haus gegangen und da mich die Kaiserin bereits einige Zeit vorher und früher als gewöhnlich zu ihrem Frühstücke hatte rufen lassen, so bin ich hinüber gegangen und bin durch diese Übereilung um die Freude gekommen, Sie von Weitem begrüßen zu können.

Unsere Bescherung haben wir um 1/2 5 Uhr im engsten Familien Kreise nur mit unseren Kindern und unserer kleinen Enkelin*, und dann speisen wir zusammen. Übermorgen Früh reist die Kaiserin mit Valérie auf 8–10 Tage nach München und ich bin wieder Strohwitwer. Wenn Sie die Gnade haben sollten, mir auf diese Zeilen zu antworten, so bitte ich schön, mir zu sagen, wie es Ihnen geht, denn eigentlich ängstige ich mich wegen Ihrer Gesundheit noch immer. Wenn Ihnen die Promenade wirklich und ganz gewiß nicht schaden kann, hoffe ich Sie, wie besprochen, Donnerstag mit Ihren jungen Herrn begrüßen zu dürfen, worauf ich mich natürlich freue. Bis dahin leben Sie wohl, meine liebe gnädige Frau.

Ich grüße Toni herzlichst und bleibe Ihr in treuer Freundschaft ergebener

Franz Joseph.

**Elisabeth Marie („Erzsi"), geb. 1883*

Adelheid Popp

Fabriksweihnacht

Während in den Palästen der Besitzenden der Christbaum längst zur weihnachtlichen Tradition gehörte, war dies in den Behausungen der Industriearbeiterschaft um 1870 noch keineswegs selbstverständlich. Einen erschütternden Einblick in die mißlichen sozialen Verhältnisse der Arbeiter geben die Erinnerungen der Pionierin der Arbeiterinnenbildung Adelheid Popp (1869-1939), die als 15. und jüngstes Kind der aus Böhmen eingewanderten Weberfamilie Dworak in Inzersdorf zur Welt kam und ab dem 10. Lebensjahr in einer Fabrik für Ihren Lebensunterhalt sorgen mußte. Zu Weihnachten 1873 sollte der Heilige Abend nach dem Vorbild wohlhabender bürgerlicher und adeliger Familien erstmals mit einem Christbaum begangen werden - ein Unterfangen, das mit einer bitteren Enttäuschung für die zahlreiche Kinderschar der Dworaks enden sollte ...

Ein Weihnachtsabend, an dem ich noch nicht ganz fünf Jahre alt war, ist mir noch immer in Erinnerung. Beinahe hätte ich dieses eine Mal einen Weihnachtsbaum bekommen. Meine Mutter wollte mir, ihrem jüngsten Kinde, auch einmal zeigen, was das Christkind ist. Wochenlang hatte sie immer einige Kreuzer zu erübrigen getrachtet, um ein kleines Kochgeschirr für mich zu kaufen. Der Weihnachtsbaum war geschmückt mit bunten Papierketten, vergoldeten Nüssen und mit dem bescheidenen Spielzeug behängt. Mit dem Anzünden der Lichter wurde auf den Vater gewartet, der zum Fabrikanten gegangen war, um Ware abzuliefern. Er sollte Geld bringen. Es wurde 6 Uhr, dann 7 und endlich 8 Uhr, der Vater kam nicht. Wir waren alle hungrig und verlangten zu essen. Wir mußten die guten Mohnnudeln, Äpfel und Nüsse, allein ohne den Vater essen, worauf ich zu Bett gehen mußte, ohne daß die Lichter auf dem Weihnachtsbaum gebrannt hätten. Die Mutter war zu mißgestimmt und zu sorgenvoll, um den Baum anzuzünden. Ich lag schlaflos in meinem Bette; ich hatte mich so auf das Christkind gefreut, und nun war es ausgeblieben. Endlich hörte ich den Vater kommen, er wurde nicht freundlich empfangen, und es kam wieder zu einer hefti-

Bescheiden fielen die Geschenke des Christkinds für die Kinder armer Eltern aus ...

gen Szene. Er hatte weniger Geld gebracht, als die Mutter erwartet hatte, dann war er unterwegs in ein Gasthaus gegangen. Er hatte fast zwei Stunden zu gehen und wollte sich einmal erwärmen. Er war dann länger sitzen geblieben, als er zuerst gewollt und kam angetrunken nach Hause. Ich guckte bei dem Lärm, der sich nun erhob, von meiner Schlafstelle nach den Eltern – und da sah ich, wie der Vater mit einer Hacke den Weihnachtsbaum zerschlug. – Zu schreien wagte ich nicht, ich weinte nur, weinte, bis ich einschlief.
(...)
Als ich schon in die Schule ging, wurde von einem reichen Mann, der eine große Fabrik besaß, in der viele Hunderte Männer und Frauen arbeiteten, für die armen Schulkinder eine Weihnachtsbescherung veranstaltet: Auch ich gehörte zu den Glücklichen, die mit Naschwerk und wollenen Kleidungsstücken beschenkt wurden. Die mächtige Tanne gab mehr Licht, als ich je gesehen hatte, und der Festschmaus, der uns gegeben wurde, brachte uns alle in glückselige Stimmung. Wie dankbar war ich dem guten reichen Mann, der so ein mildtätiges Herz für die Armen hatte. Als später meine verwitwete Mutter in seiner Fabrik für drei Gulden Wochenlohn täglich 12 Stunden arbeiten mußte, konnte ich noch nicht beurteilen, daß darin die Quelle für seine „Großmut“ gelegen war.

Idee und Wirklichkeit klaffen beträchtlich auseinander: Karikatur im „Kikeriki", Dezember 1912.

Praterstern und Nordbahnhof im Schnee. „Correspondenz-Karte" aus dem Jahre 1899.

Peter Altenberg

Akkord verdoppelten Genießens

Er versenkte sich ganz in ihr Wunschleben, in diese Träumereien von unerfüllten kleinen Realitäten. Nie äußerte man es, außer durch ein unaufhaltsames Verweilen vor Schaufenstern oder in Geschäftsläden, durch einen fast hysterisch-melancholischen Blick auf den geliebten Gegenstand oder durch die schüchterne beklommene Frage, was er koste?! So erstand er denn für sie eine japanische Bettwandmatte, strohgelbes Geflecht mit braunen und rostrot eingewebten Flecken. Ferner einen bosnischen handgewebten Blusenstoff, kornblumenblau mit malachitgrünen Fäden. Ferner einen großen französischen Parfümzerstäuber aus Nickel, für Menthol-Franzbranntwein; ein kaltes Bad, ohne zu baden, wenn man den ganzen Leib damit anstäubt! Ferner eine Zigarrenschachtel aus sibirischer Birke, viereckiges Format, für fünfundzwanzig Zigaretten Inhalt. Ferner eine Schachtel Schreibfedern und zehn riesig dicke chinesische Rohrfederstiele dazu, federleichte. Und viele andere erfüllbare Träume ihres Daseins. Er schuf einen Einklang seiner eigenen Welt und der ihren. Er schenkte ihr nur das, was in gleicher Weise sie erfreute, es zu bekommen, ihn erfreute, es zu geben! Es war also ein Akkord verdoppelten Genießens! Und dann schrieb er: „In Deinem Namen zwanzig Kronen gespendet der Kinderschutz- und Rettungsgesellschaft für die mißhandelte zwölfjährige Maria B." Da fühlte sie: „Siehe wir haben einen vollständigen Familienweihnachtsabend" – .

Lustige Geschichten
und
drollige Bilder
von
Heinrich Kinderlieb.

Wenn die Kinder artig sind,
Kommt zu ihnen das Christkind.
Wenn sie ihre Suppe essen,
Und das Brod auch nicht vergessen;
Wenn sie ohne Lärm zu machen
Still sind bei den Siebensachen,
Beim Spaziergehn auf den Gassen
Von Mama sich führen lassen,
Bringt es ihnen Gut's genug.
Und ein schönes Bilderbuch.

(1)

Bravsein lohnt sich – Titelseite zu Heinrich Kinderlieb, Lustige Geschichten und drollige Bilder (d. i. Heinrich Hoffmann, Der Struwwelpeter), 2. Aufl. Frankfurt am Main 1846.

Alt-Wiener Spielzeugwelt

Mit der Etablierung des neuen, bürgerlichen Weihnachtszeremoniells in den ersten Jahrzehnten des 19. Jahrhunderts setzte sich auch die – von den Eltern nun mit viel Aufwand kreierte – Vorstellung eines „anonymen Gabenbringers“ (Ingeborg Weber-Kellermann) durch, der da die braven Kinder reich beschenke und die schlimmen durch sein Fernbleiben bitter bestrafe. In Wien wie auch im ganzen süddeutschen Raum fiel die Rolle dieses allwissenden Schenkenden dem „Christkind“ zu, jenem engelgleichen Wesen mit wallendem Silberhaar, das zwar nicht mit dem Jesuskind ident sein konnte, dem man aber durchaus göttliche Macht und Kraft zusprach. Hervorgegangen ist die Gestalt des Christkinds vermutlich aus den „Christkindern“, jungen, weißgekleideten Mädchen, die bei kirchlichen Prozessionen den Zug begleiteten und manchmal auch kleine Geschenke an die Kinder verteilten.

Der Wechsel des Christkinds aus dem öffentlichen religiös-kirchlichen Bereich in die harmonisierte Weihnachtswelt der bürgerlichen Familie bedeutete für die Kinder das Einüben in die passive Rolle der Beschenkten – eine Aufgabe, der man sich gerne widmete, ganz ohne Verpflichtung war sie aber nicht: Buben und Mädchen mußten alljährlich erneut geloben, wieder brav und artig zu sein. Der Eintritt der Familie in diesen „Gegengeschäftskreislauf“ des *do ut des* war der entscheidende Punkt für die steigende wirtschaftliche Dynamik, die Weihnachten nun zu entwickeln begann: Um die Kinder bei Laune zu halten, schenkte man vielfach ein bißchen mehr, zumindest etwas Neues, Anderes, ein bißchen Wertvolleres. Genau dies aber – die konstante Zunahme des Geschenkvolumens – war der Ausgangspunkt für die Hochkonjunktur der Spielzeugindustrie im Biedermeier.

Noch Mitte des 18. Jahrhunderts gab es in Wien kaum eine nennenswerte Spielzeugfabrikation, das Eldorado der Spielzeughändler war Nürnberg. Von hier dirigierten die großen Handelsfirmen die begehrte Ware, die zum Großteil in Hausindustrie – vor allem auch in österreichischen Alpentälern – hergestellt wurde, in die urbanen Zentren Mitteleuropas. In Wien hießen daher Geschäfte, in denen man Spielzeug kaufen konnte, bezeichnenderweise bis

zum Beginn des 19. Jahrhunderts „Nürnberger-Warenhandlungen“. Eine größere Bedeutung als diesen Läden kam jedoch den Spielzeug-Wanderhändlern zu, die durch ihre Mobilität eine viel größere Zahl von Käufern erreichten. Spielsachen zählten aus warenspezifischer Sicht zu den Krämereiwaren und wurden daher vom Händler im Mix mit vielen anderen Artikeln verkauft – von Unterwäsche bis zu Kosmetika. Immerhin gab es, wie Hubert Kaut in seiner verdienstvollen Dokumentation *Alt-Wiener Spielzeugschachtel* nachwies, im Jahre 1789 bereits 18 Spielwarengeschäfte; daneben fand man Spielsachen meist auch in den diversen Kunsthandlungen.
In den Jahren nach 1800 begann sich die Spielzeuglandschaft jedoch spürbar zu verändern. Zunächst waren es Firmen aus dem Südtiroler Grödnertal, die auch in Wien den Spielzeughandel durch Gründung eigener Niederlassungen zu dominieren begannen. Ihre in mehreren Sprachen aufgelegten, mit handkolorierten Illustrationen versehenen Kataloge eroberten den Markt und verdrängten die Nürnberger Konkurrenz. Davon unabhängig entwickelte sich in Wien allmählich eine eigene Spielwarenerzeugung. Da das Herstellen von Spielsachen von den Behörden als „freie Beschäftigung“ eingestuft worden war und nicht den starren Vorschriften und Zwängen einer Zunft unterlag, blühte dieses Gewerbe bald auf, der Wiener Spielzeugmarkt war nicht mehr ausschließlich von Importen abhängig. 1827 zählte man in der Stadt 7 „Kinderspielerei- und Holzwaren-Verfertiger“, 1837 waren es bereits 12; verkauft wurden die Produkte dieser Firmen in nunmehr 44 Spielwarenhandlungen. Bekannte Unternehmen waren etwa die „k.k. erbländisch-privilegierte Berchtesgadner Holz- und Kinderspielerei-Waren-Fabrik Johann Haller“ – die Palette ihrer Produkte reichte von kleinen Schachteln und Schüsseln über Schreibutensilien und lackierten Holzfiguren bis zu elegant gekleideten Puppen und selbstfahrenden Equipagen – oder Kunsthandlung und Verlag des aus Hannover nach Wien gekommenen Kunsthändlers Heinrich Friedrich Müller (1779–1848). Müller, dessen Geschäft sich am Kohlmarkt befand, konnte sich durch die Herausgabe exzellent ausgestatteter Bilder- und Malbücher einen ausgezeichneten Ruf weit über die Grenzen Österreichs hinaus schaffen. Erfolgreichster Autor des Verlags Müller war der Pädagoge und „k. k. Bücher-Censor“ Leopold Chimani (1774–1844), dessen vaterländisch-katholisch-moralisierende Kinderbücher – insgesamt waren es über 100 – die Bibliotheken der Zeit füllten. In mit kolorierten Kupfern versehenen Titeln wie *Sittengemählde zur Veredelung jugendlicher Herzen* oder *Kinder-Schauspiele für den Familienkrei*s schrieb Chimani anhand einer unendlichen Kette von Fallbeispielen die Tugenden der Biedermeier-Gesellschaft fest: Redlichkeit, Fleiß, Häuslichkeit, Vaterlandstreue – mit bisher nicht gekannter Vehemenz wurde von die-

Aus dem Weihnachts-angebot eines Spielzeughändlers

Für die Buben gab's neben technischem Spielzeug auch Gewehr und Säbel.

sen Büchern jene „Pädagogisierung der Kindheit“ (Langer-Ostrawsky) transportiert, die ohne Rücksicht auf die kindliche Psyche rigides Wissens- und Verhaltenstraining forderte.
Kaum weniger fruchtbar war der zweite „volkserzieherische“ Umsatzträger Müllers, der protestantische Theologe Jakob Glatz (1776-1831) aus Poprad in der Zips. Glatz, von 1804 bis 1816 Prediger an der evangelischen Gemeinde Wien, richtete einen Teil seiner beliebten moralisch-belehrenden Erzählungen und Lesebücher an junge Mädchen - ein Novum in der Geschichte der Jugendliteratur. Eine nicht unbedeutende Rolle im Bereich der Wiener Kinder- und Jugendbuchproduktion spielte auch der Verlag Anton Pichler, später Anton Pichlers Witwe: 1801 bis 1821 erschien hier Friedrich Justin Bertuchs berühmtes 20bändiges *Bilderbuch zum Nutzen und Vergnügen der Jugend,* mit sorgfältig illustrierten Sagenbüchern und Titeln wie *Buntes ABC für brave Kinder* konnte sich Pichler auch in der zweiten Jahrhunderthälfte erfolgreich am Markt behaupten.

Die Bilderwelt des Kunstverlags Trentsensky

Zum berühmtesten Spielzeughersteller Wiens avancierte die Firma Trentsensky, 1819 gegründet von den Brüdern Matthias (1790-1868) und Joseph Trentsensky (1792-1839). Ursprünglich nur als lithographische Anstalt konzipiert, wurde 1820 von Joseph Trentsensky auf dem Hohen Markt eine Schreib- und Zeichenwarenhandlung eröffnet; das Warenlager und weitere Verkaufsgewölbe befanden sich im Zwettlhof, Stephansplatz 6, ab 1842 im Domherrenhof, Stephansplatz 5. Durch seine liebevoll ausgeführten Erzeugnisse - Bilder- und Mandlbögen, Papiertheater und hölzerne Baukästen - gewann der Kunstverlag Trentsensky bald die Herzen der Wiener Kinder für sich. Begeistert waren diese, wie Reingard Witzmann dokumentieren konnte, vor allem von dem neuen Konzept, das hinter den „Mandlbögen“ stand: Jetzt gab es nicht nur die „Manderln“ der Reihe nach zum Bemalen und Ausschneiden, sondern Trentsensky produzierte dazu auch passende Kulissen und Versatzstücke, so daß nunmehr eine Vielzahl von Kombinationen möglich wurde. Für die Gestaltung der Bilderbögen gewann der Verlag junge, hervorragende Künstler wie Moritz von Schwind - er schuf die berühmten Ritterszenen -, Joseph Kriehuber, Josef Danhauser oder Johann Matthias Ranftl. Der Name Trentsensky wurde zum Markenzeichen für qualitativ hochwertiges Kinderspielzeug aus Wien.
Kreative Ideen entwickelte vor allem Matthias Trentsensky, der immer wieder selbst zum Zeichenstift griff und es als gelernter Lithograph verstand, diese neue Drucktechnik für den Verlag vorteilhaft einzusetzen. So beruhte der

Erfolg des Papiertheaters von Trentsensky, das sich seit 1825 nachweisen läßt auf dem unkonventionellen Gedanken, nicht die altbekannten Märchenstücke herauszubringen, sondern Bühnenbild und Figurinen nach aktuellen Aufführungen der Wiener Theater zu gestalten. Bis 1868, dem Todesjahr von Matthäus Trentsensky, erschienen 41 Theaterstücke mit 243 Figurinenblättern. Zum Aufstellen der ausgeschnittenen Figurinen diente ein „Theatergestell, grundiert, zum Zerlegen, nebst Portal und Cortine, coloriert und vollständig hergerichtet" – wer Lust und Laune verspürte, konnte im Salon Grillparzers *König Ottokars Glück und Ende* inszenieren.
Zur besonderen Attraktion des Verlags Trentsensky wurde ein Spielzeug, das auf einer Erfindung des Wiener Mathematikers und Geodäten Simon Stampfer aus dem Jahre 1832 beruhte: die „Wundertrommel", bekannt auch als „Lebensrad", ein zylinderförmiger Apparat, welcher das Prinzip der von Stampfer entwickelten stroboskopischen Scheibe nutzte – blickte man durch die seitlichen Schlitze auf den innen rotierenden Bildstreifen, auf dem die Figuren in entsprechend „zeitversetzten" Posen abgebildet waren, so entstand der Eindruck, daß diese sich bewegten – Experimente mit optischem Papierspielzeug, mit Guckkästen, Zauberscheiben und der Laterna magica begannen nun auch die Welt des Kindes zu erobern.

Spiele sind nicht für alle da ...

Neben der Bilderwelt auf Papier entwickelte sich aber auch jene bunte Palette an Spielsachen, die noch heute die Regale der Spielzeugläden bestimmt: Im Verlag von Heinrich Friedrich Müller erschienen erste „Figuren-Zerlegbilder", die Vorläufer der modernen Puzzle-Spiele, Stein- und Holzbaukästen waren ebenso beliebt wie Karten- und Würfelspiele, Kaufmannsläden und natürlich Puppen – auch die Puppenindustrie nahm im 19. Jahrhundert einen gewaltigen Aufschwung. Die Erfindung des Papiermachés erlaubte eine natürlichere Gestaltung der Puppenköpfe, Holzkugelgelenke sorgten für die entsprechende Beweglichkeit der Puppen. Der Puppenkörper war ein meist mit Sägemehl gefüllter Stoffbalg, Arme und Beine nähte man aus Ziegen- oder Schafleder – Zelluloidpuppen gelangten erst nach 1900 in den Verkauf. Und noch gab es kein Kunsthaar – man malte die Haare einfach auf oder benützte Perücken aus Menschenhaar, die prachtvolle modische Frisuren zeigten. Im Gesamterscheinungsbild der Puppe gab es allerdings einen entscheidenden Unterschied zur Babyborn- und Barbie-Puppenwelt von heute: Die Puppen von anno dazumal stellten keine Babys dar und keine Kinder, sie trugen vielmehr die Züge von Erwachsenen, bevorzugt

Spielende Kinder, um 1835. Kolorierte Radierung.

Weihnachtsbeilage des Kaufhauses Friedmann's Nachf. in der Praterstraße für die Zeitschrift „Wiener Liebling“, 1897

dargestellt wurde der Typus „bürgerliche Hausfrau“. Noch galt die Puppe – in konsequenter Umsetzung des zeitgenössischen Erziehungsideals – als ein Abbild jener „großen“ Welt, in die das Kind hineinwachsen sollte; erst um die Jahrhundertwende begann das große Umdenken in der Puppenindustrie: Zum Ausgangspunkt für neue Entwürfe wurde nun die kindliche Vorstellungswelt, die man als Wert für sich gelten ließ.

Zu einem Welterfolg im Bereich des Spielzeugs „für Buben“ wurde eine Erfindung des Ingenieurs Johann Korbuly (1860–1919) aus dem Jahre 1900: Das Holzbausystem „Matador“, von Korbuly als Antwort auf die kaum zufriedenstellenden Spielmöglichkeiten mit herkömmlichen Holzbaukästen entwickelt und zum Patent angemeldet, bestach durch die Vielfalt der „bautechnischen“ Varianten, die das ausgeklügelte Zusammenspiel von starren und beweglichen Elementen bot.

So überraschend reich und faszinierend sich die Alt-Wiener Spielzeugwelt aus der Perspektive der Nachgeborenen auch zeigen mag – nicht vergessen werden soll, daß diese bunte Welt damals nur einem Teil der Kinder zugänglich war: jenen aus wohlhabenden adeligen und bürgerlichen Familien. Weitgehend oder auch völlig verschlossen blieb sie den Kindern der Kleinbürger, Taglöhner und Industriearbeiter, jenen, die mit zehn, zwölf Jahren für einen Hungerlohn in die Fabrik arbeiten gehen mußten und dies täglich bis zu dreizehn Stunden lang. Für sie gab es keine Kindheit und kein Spielzeug, auch nicht zu Weihnachten.

Bewegliche Schattenspiel-Figuren aus einer Serie von 12 Mandlbögen des Verlags Matthias Trentsensky. Federlithographie, um 1835.

Minna Urbantschitsch

Kinder-Lieder

1.

Ich leg' ein Briefchen vors Fenster hinaus,
Mein liebes Mondenlicht,
Kommst du vorüber an uns'rem Haus,
O, so vergiß es nicht!
Zieh' es an deinem Strahl hinauf,
O, thu es mir zulieb'!
Und bitte, gib recht acht darauf,
Weil ich dem Christkind schrieb.
Du weißt, es kommt der heil'ge Christ,
Da bat ich ihn nun heut',
Daß er gewiß auf nichts vergißt,
Worauf ich mich gefreut!
Den schönen Baum mit gold'ner Nuß,
Die vielen Spielerei'n,
Und dann den langen Weihnachtskuß
Vom lieben Mütterlein!

2.

O liebes Christkind, komme bald!
Ich lieg' schon auf der Erden
So lang'! Guck unter'm Thüresspalt,
Wann's endlich licht will werden?
Und wüßt' ich nicht, daß sicherlich
Der Schimmer wird erscheinen,
Ich müßte wahrlich fürchten mich
Im Dunkeln hier und weinen!
Doch hat die Mutter mir gesagt,
Ich soll nur fest vertrauen,
Denn wer im Dunkel nicht verzagt,
Wird bald ins Helle schauen.

Zu den festen „Spielregeln", die sich innerhalb weniger Jahrzehnte rund um das Familienfest Weihnachten und den institutionalisierten Geschenktransfer entwickelten, zählte bald auch der Brief an das Christkind, in dem die Kinder ihre Geschenkwünsche an den heiligen Gabenbringer auflisten konnten und meist auch nicht vergaßen, noch einmal darauf hinzuweisen, daß sie wirklich „brav" gewesen wären. Für die Eltern bewährte sich dieser Versuch eines Dialogs mit dem Christkind als Instrument der Wunschsteuerung – übertriebenen Hoffnungen konnte rechtzeitig vorgebaut werden. In einem von Ferdinand von Saar herausgegebenem Band *Kindergeschichten für Erwachsene* widmete Minna Urbantschitsch diesem – aus Sicht der Kinder – wichtigen Aspekt das obige Gedicht.

Nationale Weihestunde: Weihnachten im Verein. Holzstich nach einer Zeichnung von Fritz Bergen, 1887

Deutsche Weihnachten in Wien?

Heute ist der Spuk beinahe vergessen, wird im nostalgisch-sentimentalen Taumeln alles verklärender Gefühle übersehen oder verdrängt: Kein anderes Fest im Jahreskreis wurde so zum Spielball von Ideologie und Politik wie Weihnachten – und dies nicht zuletzt auch in der habsburgischen Metropole Wien. Von seinem ureigensten christlichen Selbstverständnis her – der Erinnerung an die Geburt des Erlösers – ein weltumspannendes, völkerverbindendes Fest, ein Signal, das grenzenüberschreitend Frieden, Freude und Fröhlichkeit bewirken sollte, geriet Weihnachten in den gefährlichen Mahlstrom heftiger ideologischer Auseinandersetzungen, wurde es hineingezogen in endlose Diskussionen über seine Tauglichkeit als nationale Identifikationsbasis.

Alles begann damit, daß aus „Weihnachten“ plötzlich „deutsche Weihnachten“ wurden – das Fest verwandelte sich in ein von politischen Emotionen geprägtes nationales Emblem, wurde „aufgefüllt“ mit Sehnsüchten und Visionen des liberalen Bürgertums; „deutsche Weihnachten“ bedeuteten bald nationale Wiedergeburt, Erlösung aus Unmündigkeit und Rückkehr zu alter Größe. In seinem Gedicht *Der deutsche Christtag* gab Anastasius Grün (1808–1876), liberaler Vormärz-Aristokrat und umstrittener Dichter-Kritiker des reaktionären Metternich-Staates, diesen Vorstellungen erstmals exemplarisch Raum:

Es bringt die längste Winternacht die schönste Frühlingskunde:
denn in so trüber Zeit erwacht die eine heil'ge Stunde! –
Tiefschweigend starrt auf aller Flur die eisig kalte Hülle,
in Finsternis ruht die Natur in graunhaft eh'rner Stille.

Da plötzlich flammt ein Leuchten auf am Kirchlein dort im Tale,
es quillt der Kerzen goldner Schein durch Fenster und Portale
und Glockenschall ertönt hinaus in mitternächt'ger Stunde,
der ruft zur Mett' ins Gotteshaus die Gläub'gen in der Runde.

Da taucht's empor aus finstrer Nacht, hier, dort, wie einz'ln Sterne,
ein Lichtlein da, ein Lichtlein dort und Lichter in der Ferne,
das glimmt vom Berg und flimmt durchs Tal, im Kirchlein sich zu einen,
bis mit der großen Leuchte schmilzt in eins das Licht der Kleinen.

So kommt der deutsche Christtag einst, die große Weihestunde,
da klingt ein heilig' Weihnachtslied aus aller Deutschen Munde.
Heil diesem Tag, da alles Korn in Garben aufgeschossen
und alle Funken in ein Licht, in eine Glorie flossen!

Ein politisches Gedicht, das mit dem intimen Familienfest Weihnachten nichts mehr zu tun hat; hier schwingt ungebrochene Hoffnung mit, die Erwartung jener „großen Weihestunde", in der Deutschland als mächtige Nation auferstehen wird. Indem Anastasius Grün die Rückkehr des Lichts und nationales Wiedererwachen analogisiert, gibt er seinen Lesern ein Versprechen für die Zukunft ab und legt eine Strategie vor, die zum klassischen Topos in der deutschvölkischen Weihnachtsliteratur werden sollte.

Die nationale Glücksverheißung erfuhr zu Weihnachten 1870 mit den raschen Siegen Preußens gegen Frankreich einen erste triumphale Bestätigung; die Berichte von den Weihnachten an der Front feiernden Soldaten gingen durch alle Blätter – ja, das waren die „deutschen Weihnachten", von denen man geträumt hatte; im Lichterschein des „deutschen Weihnachtsbaums" wurde eine seltsame neue „Mischung aus Patriotismus, Blutrünstigkeit, Sentimenatlität und kirchlichem Segen" (Hermann Bausinger) geboren. In Österreich, vier Jahre zuvor durch die Armeen Bismarcks bei Königgrätz schwer gedemütigt, jubelten zwar alle „großdeutsch" fühlenden Kreise mit, zugleich aber

Für ein „heilig' Weihnachtslied aus aller Deutschen Munde": der liberale Vormärz-Aristokrat: Anastasius Grün

Weihnachten im christlichen Wien mit antisemitischem Unterton

fühlte man sich ausgeschlossen, mußte die Gründung des Deutschen Reichs als Zaungast miterleben – ein Grund dafür, die „völkische und altehrwürdige Bedeutung" des „deutschen Weihnachtsfestes" noch nachdrücklicher zu betonen und heftig für sich zu reklamieren. Im *Deutschen Turnerhorte* und den *Unverfälschten Deutschen Worten* Georg Ritter von Schönerers, im *Boten aus dem Waldviertel* und dem *Iro'schen Taschenmerk-Zeitweiser* ebenso wie in den diversen Weihnachts-Festschriften konnte man es bald schwarz auf weiß lesen: Weihnachten war eigentlich schon immer mehr deutsch als christlich gewesen. In der dafür notwendigen „Beweisführung" begann nun – begünstigt durch den massiven Aufschwung antisemitischer Propaganda – ein immer deutlicher werdender antisemitischer Unterton mitzuschwingen– Weihnachten, so die Devise der deutschnationalen *opinion leaders,* sollte endgültig dem Zugriff der jüdisch-christlichen Welt, des „römischen Kirchentums" entzogen werden.
Einer dieser von nationalem Sendungsbewußtsein beseelten Weihnachtsforscher war der Turnerbund-Aktivist Franz Kießling, der 1902 im Verlag des „Bundes der Germanen" – das Motto dieser deutschvölkischen Gruppierung: „Durch Reinheit zur Einheit!" – bereits die vierte, „bedeutend vermehrte" Auflage seiner aufschlußreichen Studie *Das deutsche Weihnachtsfest in seinen Beziehungen zur germanischen Müthe* (sic!) in Druck geben konnte. Darin

führt er Weihnachten ohne Umschweife auf das germanische Julfest zurück, erklärt es kurzerhand zum „Fest der wiedergeborenen Sonne, des göttlichen Sonnenkindes" und fordert die Befreiung aus „semitischen und römischen Fesseln". Der „germanischsinnige Weihnachtsbaum" – das Wort „Christbaum" wird bewußt vermieden – sei daher dem „volklich gesinnten" Deutschen das „Sinnbild der ewig grünenden Weltesche", ein Symbol für „unbeugsamen, unerschütterlichen, nie verzagenden deutschen Heldensinn und Kampfesmut". Konsequent erklärt Kießling auch alle anderen Elemente und Gestalten der Weihnachtszeit aus der germanischen Mythologie: Der heilige Nikolaus wird von ihm eindeutig als „Ersatz-Heiliger" Wodans identifiziert, im Krampus erblickt er ein „Zerrbild" auf den Donnergott Donar und des unheilbringenden, hinterlistigen Loki, die heilige Barbara entpuppt sich als Walküre bzw. Freia, der heilige Stephan als Lichtgott Balder, und die Heiligen Drei Könige würden die „germanische Dreiheit" Wodan, Donar und Loki – als Verkörperung der Elemente Feuer, Wasser und Luft – versinnbildlichen. Selbst der Mittelpunkt des „christischen" (sic!) Weihnachtsfestes, das gute alte Christkind, darf in diesem „deutschmüthischen" Götterspektakel nicht ungeschoren bleiben, und so verwandelt es Kießling kurzerhand in das „Sonnenkind Oerwandil", die Vergöttlichung des Himmelsterns Orion.

Für traditionelles christliches Weihnachtsbrauchtum ist in diesem deutsch-germanischen Kosmos kein Platz mehr, die Weihnachtsfeier wird zur „Julfeier" umfunktioniert, für deren richtige „völkische Ausgestaltung" Kießling auch gleich den „Entwurf einer Festordnung" mitliefert. Mit Rücksicht auf altes deutsches Brauchtum empfiehlt er folgendes kulinarisches Programm: „Für jeden Teilnehmer am Feste ist ein Teller bereit zu stellen, auf das je ein kleiner Reiter, ein Fisch, ein Wickelkind, ein Schweinchen, ein Ringlein und ein Scheibchen aus Leebkuchen oder, was in diesem fehlt, aus Zuckerteig gelegt wird. Ein kleineres Teller enthalte zwölf Hasel- oder Welschnüsse und drei Äpfel, nebst einem kleinen kreuzästigen Tannenzweiglein. Diese beiden Teller sind auf dem Tische, entsprechend den Sitzplätzen, anzuordnen.

Die Mahlzeit selbst soll gemeinsam abgehalten werden, auch aus den gleichen Speisen bestehen, und zwar aus Schweinefleisch mit Knödel, dann gezuckertem Milchreis oder Milchnudeln mit Mohn und zum Schlusse gesottene oder eingesalzene Fische bzw. Heringssalat. Da die Zahl der ‚Gänge' für eine Abendmahlzeit ohnehin eine nicht unansehnliche ist, so genügen je desto geringere Mengen von den einzelnen Speisen, wodurch sich die Auslagen für eine solche Mahlzeit vermindern. Wo es die Mittel erlauben, soll auch ein Schweinskopf (oder doch ein Schweinsrüssel) sowie Methwein (wie er beispielsweise in Wien im ‚Süßen Löchel' käuflich ist) auf der Festtafel nicht fehlen." Nach diesem doch eher frugalen Mahle und einer nicht zu langen Weihnachtsfestrede schreite man – so Kießling – zur Gabenverteilung, die vom „Weihnachtsmann", einem als Wodan verkleideten Teilnehmer, vorgenommen werde. Die Kostümierung setze einen deutlichen Kontrast zur christlichen Nikolaus- und Christkind-Tradition: „Der wallende Bart reicht bis zur Brust. Auf dem Haupte sitzt ein mächtiger schwarzer oder grauer Schlapphut, über das (verdeckte) Auge tief herabgezogen. – Die Füße stecken in Schuhen, die je aus einem länglich-runden Lederflecke bestehen, mit Schlitzen an den Rändern, durch die ein schmaler Riemen geflochten wird und mit dem sie an den Unterschenkeln festgebunden werden. Die Gestalt, deren Körper sonst von enganliegenden grauen Unterkleidern bedeckt ist, umhüllt ein bis an die Knöchel reichender weiter Faltenmantel von weißer oder hellgrauer Farbe, mit großen Taschen an der Innenseite, in denen die unterschiedlichen Geschenke geborgen werden. Ein ungefähr mannslanger, knorriger Haselstab, der oben in eine kurze Gabel (Zwiesel) endigt, vervollständigt die Ausrüstung des Weihnachtsmannes" – wie Kießling zur Vorsicht betont, dürfe der Weihnachtsmann alias Wodan „entschieden nicht" als Hanswurst aufgefaßt werden!

An den Auftritt des Erdenpilgers Wodan schließe sich als weiterer Höhepunkt der „Julfeier" – in Erinnerung an angeblich uraltes germanisches Brauchtum und begleitet von kräftigen Zügen aus dem rundum kreisenden Trinkhorn sowie lautem Heil-Rufen – der „Julnachtsschwur" an: Der Text zu diesem *Schwurlied* stammte von dem Gymnasiallehrer und Publizisten Aurelius Polzer (Feldkirch 1848–Graz 1924), der vor allem durch seine deutschvölkischen Kampfgedichte *(Zu Schutz und Trutz* und *Wehr und Waffen)* bekannt geworden war:

In festlicher Julnachtsstunde, wann stirbt das alte Jahr,
Schaart Brüder euch in der Runde und schwöret treuinnig und wahr:
Was immer uns bringen die Zeiten, die jetzt anheben neu,
Im Frieden und im Streiten, dir Deutschland bleiben wir treu.

Du, das mit Stolz wir nennen, du herrliches Vaterland,
Nicht kann von dir uns trennen der frechen Gewaltherrn Hand,

Wir bleiben dir ergeben in Fährlichkeit und Not,
Dir weihen wir unser Leben, für dich geh'n wir in den Tod.

So schwöret ernst im Kreise, am Markstein neuer Zeit,
nach alter Germanenweise, Alldeutschland heiligen Eid.
Und wer in Sturmnotwettern den Schwur der Treue bricht –
Der Blitzstrahl soll zerschmettern den ehrlos feilen Wicht.

Gesungen wurde dieses *Schwurlied* Polzers von Kießling und seinen Mannen im „Bund der Germanen" nach der Melodie von „Wenn alle untreu werden ..."; stolz verweist er darauf, daß der Text am 24. Jänner 1904 sogar ins stenographische Protokoll des Reichsrats aufgenommen werden mußte. Und so verstiegen diese Verszeilen heute auch klingen mögen, so sehr sie von der Geschichte mit schrecklicher Eindringlichkeit als Wahn entlarvt wurden – sie boten wohl für manchen Zeitgenossen eine neue Perspektive, verliehen dem „Weihnachtsfest" eine Sinnhaftigkeit und ernsten Grundton, die man ansonsten im geschäftigen Treiben des Weihnachtsalltags vergeblich suchte. Kießling schuf mit seiner „deutschen Weihnacht" einen Gegenpol zu dieser ernüchternden Realität, der im Rekurs auf germanische Mythologie und Brauchtum genau jenen magischen Raum des Rituals wieder beschwor, den man vielfach schon als verloren empfand. Allerdings: Nicht die Erinnerung an die Geburt des Erlösers wurde hier gefeiert, sondern nationales Erwachen und neue Größe, die Vision „Alldeutschlands" – ein Konzept, das sich bis tief in die NS-Ära hinein bewähren sollte. Neue Anhänger dieser völkisch-verschrobenen Weihnachtsmystik rekrutierten sich noch vor dem Ersten Weltkrieg aus den Kreisen der Lebensreform und der Jugendbewegung: Zusammen mit dem deutschnationalen Lager tradierten diese konservativ-schwärmerischen Gruppen die Versatzstücke der „deutschen Weihnacht" weiter – bis ins Dritte Reich, wo die so ausgeprägt achristlichen Kultelemente von den Funktionären Hitlers mit Nachdruck willkommen geheißen wurden. In den perfekt inszenierten Wintersonnenwendfeiern der Nazis fand der „pseudogermanische Weihnachtskult" (Doris Foitzik) aus dem Wien der Jahrhundertwende eine letzte und exemplarische Verwirklichung.

Exkurs: Festesaugenblicke - Rudolf Steiner und seine Weihnachtsphilosophie

Für die Zeit um 1900 belegen die Quellen eine immer intensiver werdende Auseinandersetzung mit dem „Sinn" von Weihnachten - angesichts der emsigen Geschäftigkeit auf den Straßen wuchs das Bedürfnis nach Sinnhaftigkeit und Legitimation; längst reichte die kirchliche Überlieferung nicht mehr; die verordnete, aber nicht mehr erfahrbar werdende Freude über die Geburt des Erlösers wurde nun mystisch transzendiert - sei es, wie im vorhergehenden Kapitel ausgeführt - durch die Rückführung des Fests auf altgermanische Mythen oder auch durch quasi „philosophische" Überhöhung. Philologen und Philosophen, Religionswissenschaftler und Theologen - sie alle fühlten sich berufen, das Fest auf neue theoretische Fundamente zu setzen.

Besonders erfolgreich wurde die „Interpretation" des Religionsphilosophen Rudolf Steiner (1861-1925), die dieser in einem Vortrag am 13. Dezember 1907 in Berlin erstmals vorstellte: Der aus Kraljevica in Kroatien gebürtige Mystiker der Seele, Schöpfer der Anthroposophie, beklagte in dieser *Betrachtung aus der Vitaesophie* die Abstraktheit und Leere der zeitgenössischen Feiern und forderte von seinen Zuhörern die Rückkehr zu jenem „die Seele durchhauchenden Zug des Gefühls, der unseren Vorfahren eigen war in bezug auf das Verhältnis des Menschen zum ganzen Kosmos und seines göttlichen Untergrundes". Zu Weihnachten, dem „großen Wendepunkt des Jahres", so behauptet er, würde die Seele anders empfinden, sie könne sich in diesen „Festesaugenblicken" wieder einleben „in das ganze Wirken und Weben der vollen geistigen und seelischen Natur, zu intimer Verbindung mit der „Weltenseele" finden und zu jenen „Wohllustgefühlen" (sic!), die sich aus der tiefen Begegnung mit dem „Geist der Erde" ergeben würden. Steiner, der sich oft in Wien aufhielt und hier vor allem im Kreis um den Privatgelehrten und Theosophen Friedrich Eckstein verkehrte, gewann mit diesem pantheistischen Verständnis von Weihnachten, das in einigen Zügen an den alten vorchristlichen Aberglauben erinnert, auch in Österreich zahlreiche Anhänger, sein Vortrag fand in gedruckter Form große Verbreitung: In einer Gesellschaft, in der der einzelne Mensch weitgehend nur mehr als anonymer Faktor im Produktionsprozeß zählte, stieß seine Botschaft von den weihnachtlich-kosmischen Glücksgefühlen auf entschiedene Zustimmung.

Hermann Rollett

Der Weihnachtsbaum

Ihr steht am lichten Weihnachtsbaum
Und freut Euch all' und ahnt es kaum,
Daß, was jetzt Alt und Jung entflammt,
Der Urzeit deutschen Volks entstammt.

Aus altersgrauem Heidentum
Weht duftumwallt die Wunderblum'
Der zauberhaften Sagen-Mär'
Vom Gott der Götter, Wodan, her. -
Mit Winter-Riesen jedes Jahr
Im Kampf der Gott des Lichtes war;
Und wenn dem Lichtgott, Frö, - im Krieg
Mit Frostgewölk' - verblieb der Sieg,
Da hieß es in der alten Zeit,
Daß Wodan Göttin Holda freit. -
Da gab's im Volk nun helle Lust!
Des Gottes Brautfahrt hob die Brust
Von Jung und Alt, von Groß und Klein, -
Das mocht' ein wahrer Jubel sein!
Zwölf Nächte währte rings das Fest,

Jed' Haus war da bestellt auf's Best',
Auf daß allwegs nur Reinheit war,
Wenn Umzug hielt das hohe Paar.
Ein Holzstoß' brannt' in jedem Haus
Am Herd und warf sein Licht hinaus
Zum Hain, wo hoch - im heil'gen Raum -,
Hehr flüsternd ragte Wodans Baum;
Und um die Eiche wogend klang
Tiefinnerlicher Weihgesang. -

Und als im langen Lauf der Zeit
Das Christentum gesiegt im Streit,
Und für den dürrgeword'nen Stab
Das grüne Reis der Liebe gab,
Da kam, geschmückt wie Wodans Baum,
Ein Bäumchen in der Stube Raum;
Den Brand vom Herde Holdas nahm
Als Licht man, das auf Zweiglein kam;
Und was dereinst vom Götterpaar
Mild ausgeströmt als Segen war,
Das hängt jetzt reich, als süße Last,
Am Weihnachtsbaum an jedem Ast
Und mahnt in Freude, weit und breit,
An heil'gen Glauben alter Zeit.

Wie weit verbreitet die Vorstellung von uralten germanischen Wurzeln des modernen Weihnachtsfests um die Jahrhundertwende war, zeigt das obige Gedicht des angesehenen Badener Lyrikers und Erzählers Hermann Rollett (1819–1904), das dieser kurz vor seinem Tode verfaßte. Rollett, der als junger, kritischer, liberal-republikanisch gesinnter Vormärz-Lyriker Österreich 1845 hatte verlassen müssen und bis 1854 in der Schweiz im Exil lebte, erlag dem mystischen Reiz der von Kießling und seinen Mitstreitern verbreiteten Julfestlegende. Obwohl als Archivar des Stadtmuseums Baden mit den Gepflogenheiten kritischer Quellenanalyse durchaus vertraut, ließ sich der greise Autor von seinen Gefühlen zu einer Hymne auf den angeblichen „Götterbaum“ Wodans hinreißen.

Zu Weihnachten 1915 noch einmal beschworen: die Waffenbrüderschaft zwischen Österreich-Ungarn und dem Deutschen Reich

Helene von Nostitz

Nach des Kaisers Tod ...

An einem der Abende nach des Kaisers Tod ging ich durch den sonst so stillen Burghof. Überall waren die Fenster erwacht und schimmerten auf den dunklen Platz hinaus, denn der neue Herr war dort eingezogen. Die Hofequipagen mit ihren hochtrabenden Schimmeln fuhren eilig durch die Portale. Ja, der junge Kaiser war von Anfang an sichtbarer als Franz Joseph. Er wollte menschlich sein. Er griff überall ein und öffnete selber die Lebensmittelläden für die wartende Menge. Er ließ die rassigen weißen Pferde schwere Kohlenwagen für das Volk ziehen, weil es an Beförderungsmitteln mangelte. Er setzte jede Woche fast einen neuen Minister ein. Aber seine herzenswarme Geschäftigkeit fand wenig Echo im österreichischen Volk, das eine distanzierte, schweigsame Würde gewohnt war.
(...)
Aber immer erhielt sich doch noch der Glanz der Fassade vor dem eigentlichen Zusammenbruch. Ich entsinne mich einer Messe in der Minoritenkirche. Eine schimmernde Pracht lag über dieser Feier, die ihren Mittelpunkt in dem goldbespannten Thron des jungen Kaisers hatte. Wie er, von all dem Pomp umgeben, blaß und unbeweglich in prächtiger Uniform dort saß, war er doch das Symbol des Absterbens jener Begriffe , die er darstellte. Puppenhaft und zerstört erschien er. Sein Blick irrte ängstlich umher, als spürte er eine Verfolgung, die nur er wahrnahm. Und die Pracht, die ihn umgab, mutete unheimlich an, wie der letzte Glanz bei einer Totenfeier. Auch von der dann folgenden Krönung in Budapest drangen dunkle Gerücht nach Wien. Man wollte verschiedene Zeichen dabei wahrgenommen haben, die Unglück bedeuteten.

Quellennachweis

Abraham a Sancta Clara, Item fragt der Nicola, aus: Abrahamisches Gehab dich wohl! oder Urlaube In diesem End-Wercke seiner Schrifften (...). Nürnberg-Wien 1729
Peter Altenberg, Akkord verdoppelten Genießens, aus: Peter Altenberg, Neues Altes. Berlin: S. Fischer (Originaltitel: „Weihnacht")
Anonym, Das Fest des Bohnenkönigs, aus: Auszug aller europäischen Zeitungen, 12. Februar 1791 (Wien 1791)
Anonym, Fressen und Saufen in der Christnacht?, aus: Ueber die Abschaffung der Weihnachtsmetten und Veränderung in eine Tagandacht, wegen der dabey vorgehenden Unordnungen und bisweilen gelegenheitlichen Ausschweifungen. Wien 1781
Anonym, O mein allerliebstes Jesulein, aus: Marie Bayer-Jüttner, Das Weihnachtslied in der österreichischen Barockdichtung. (Phil. Diss.) Wien 1954
Heinrich Anschütz, Die Christbaum-Suche, aus: Heinrich Anschütz, Erinnerungen aus dessen Leben und Wirken. Wien 1866
Robert Ascher, Märchenwelt Christkindlmarkt, aus: Robert Ascher, Wie's war und wie's ist. Plaudereien über Wien und die Wiener. Wien: Deutscher Verlag für Jugend und Volk 1930
Per Daniel A. Atterbom, Aufzeichnungen des schwedischen Dichters P. D. A. Atterbom über berühmte deutsche Männer und Frauen nebst Reiseerinnerungen aus Deutschland und Italien aus den Jahren 1817–1819. Berlin 1867 (Erinnerungen an Weihnachten in Wien)
Eduard von Bauernfeld, Der Vater am Christabend, aus: Eduard von Bauernfeld, Gedichte. Zweite vermehrte Auflage. Leipzig: Brockhaus 1856
Ada Christen, Hörst auch du die leisen Stimmen?, aus: Ada Christen, Gesammelte Gedichte. Hamburg: Hoffmann & Campe 1874
Karl Gebhardt Ein Besuch im Altlerchenfelder Krippenspiel, aus: Karl Lustig (Hrsg.), Deutsche Weihnachten. Eine Auslese von Gedichten, Erzählungen und Spielen. 1. Teil. Wien 1922
Carl Glossy (Hrsg.), Aus Grillparzers Tagebüchern (1808–1859). Wien 1893 (Tagebuchaufzeichnungen)
Anastasius Grün, Der deutsche Christtag, aus: Anastasius Grün, Gesammelte Werke, herausgegeben von Ludwig August Frankl, Bd. 2. Berlin 1877
Haegrad, Das Nikolausgespenst, aus: Haegrad, Ein ächter Beitrag zur Schilderung Wiens über die Vorurtheile des Nikolausgespenstes durch dessen Gepolter die Einbildungskraft der Minderjährigen so thorecht als unbillig mißhandelt wird. Nebst einem üblichen Plan, von Kindern, ohne sie zu schlagen, alle Folgsamkeit zu erhalten. Wien und Prag o.J. (1782)
Hofdamenbriefe. Zürich 1903 (Weihnachtserinnerungen vom kaiserlichen Hof)
Franz Kießling, Das deutsche Weihnachtsfest in seinen Beziehungen zur germanischen Müthe (sic!). Wien 1902
Heinrich Ritter von Levitschnigg, Ein Krampus aus Pflaumen vulgo Zwetschkenkrampus, aus: Heinrich Ritter von Levitschnigg, Wien wie es war und ist. Pest und Wien: Hartleben's Verlags-Expedition 1860
Derselbe, Ein merkwürdiges Erlebnis, aus: Levitschnigg, Wien wie es war und ist, 1860
Helene von Nostitz, Nach des Kaisers Tod, aus: Helene von Nostitz, Aus dem alten Europa. Menschen und Städte. Frankfurt am Main 1978. © Insel Verlag, Frankfurt am Main 1978. Abdruck mit freundlicher Genehmigung des Insel Verlags.
Joachim Perinet, Über das Krippenspiel, aus: Joachim Perinet, Ärgernisse. Wien 1786
Derselbe, Über die Mette, aus: Perinet, Ärgernisse, 1786
Karoline Pichler, Nikolaus und Krampus, aus: Karoline Pichler, Zeitbilder. Band I. Wien 1841
Karoline Pichler, Denkwürdigkeiten aus meinem Leben. Dritter Band, 1814 bis 1822. Wien: A. Pichler's sel. Witwe 1844 (Weihnachtserinnerungen)
Adelheid Popp, Fabriksweihnacht, aus: Adelheid Popp, Die Jugendgeschichte einer Arbeiterin. Wien 1909
Joseph Richter An das Krippenspiel, aus: Der neuesten Moden Almanach auf das Jahr 1802. Wien 1802, zit. nach Emil Karl Blümml und Gustav *Gugitz*, Alt-Wiener Krippenspiele. Wien 1925
Hermann Rollett, Der Weihnachtsbaum, aus: E. M. Kronfeld, Der Weihnachtsbaum. Botanik und Geschichte des Weihnachtsgrüns. Seine

Beziehungen zu Volksglauben, Mythos, Kulturgeschichte, Sage, Sitte und Dichtung. Oldenburg und Leipzig o. J.
Friedrich Schlögl, Der Christkindl-Tribut, aus: Friedrich Schlögl, Wienerisches. Kleine Culturbilder aus dem Volksleben der alten Kaiserstadt an der Donau. Wien 1893 (= Friedrich Schlögl's Gesammelte Schriften, Bd. 3)
Derselbe, Weihnachten, aus: Friedrich Schlögl, Wiener Blut. Kleine Culturbilder aus dem Volksleben der alten Kaiserstadt an der Donau. Wien 1872
Derselbe, Die Gratulationshetze, aus: Schlögl, Wienerisches. Kleine Culturbilder aus dem Volksleben der alten Kaiserstadt an der Donau. Wien 1893, Bd. 1
Rudolf Steiner, Weihnacht. Betrachtung zur Vitaesophie. Berlin 1908
Adalbert Stifter, Vom Christkinde, aus: Adalbert Stifter, Sämtliche Werke. Herausgegeben von August Sauer u. a. Prag 1901 ff.
Frances Trollope, Advent in Wien, aus: Frances Trollope, Wien und die Österreicher, Band II. Leipzig 1838
Dieselbe, Weihnachtsbescherung bei der Fürstin Metternich, aus: Trollope, Wien und die Österreicher, 1838
Minna Urbantschitsch, Kinder-Lieder, aus: Kindergeschichten für Erwachsene. Wien, Leipzig, Berlin und Stuttgart o. J. (1880)
Weihnachten vor Mayerling. Franz Joseph an Katharina Schratt, aus: Meine liebe gute Freundin! Die Briefe Kaiser Franz Josephs an Katharina *Schratt* aus dem Besitz der Österreichischen Nationalbibliothek, herausgegeben und kommentiert von Brigitte Hamannn. Wien: Verlag Carl Ueberreuter 1992. Abdruck mit freundlicher Genehmigung des Verlags Carl Ueberreuter.

Ausgewählte Literatur

Hermann Bausinger, Anmerkungen zum Verhältnis von öffentlicher und privater Festkultur. In: Düding/Friedemann/Münch (Hrsg.), Öffentliche Festkultur, 1988, S. 390–400
Marie Bayer-Jüttner, Das Weihnachtslied in der österreichischen Barockdichtung. (Phil. Diss.) Wien 1954
Emil Karl Blümml und *Gustav Gugitz*, Alt-Wiener Krippenspiele. Wien 1925
Emil Karl Blümml und *Gustav Gugitz*, Von Leuten und Zeiten im alten Wien. Wien 1922
Herta Broneder, „Der schöne Lebenskreis". Bürgerliche Weihnachtsfeier anno 1820. In: Die Presse, 21./22. Dezember 1963, S. 6 f.
Michel Butor, Die Stadt als Text. Graz: Literaturverlag Droschl 1992
Paulus Cassel, Weihnachten. Ursprünge, Bräuche und Aberglauben. Ein Beitrag zur Geschichte der christlichen Kirche und des deutschen Volkes. Berlin 1861
Felix Czeike, Advent- und Weihnachtsbräuche im alten Wien. In: Wiener Geschichtsblätter 45 (Wien 1991), S. 220–231),
Felix Czeike, Historisches Lexikon Wien in 5 Bänden. Wien 1992–1997
Felix Czeike, Weihnachten im alten Wien. In: Wiener Monatshefte 12 (Wien 1965), Seite 24 ff.
Dieter Düding/Peter Friedemann/Paul Münch (Hrsg.), Öffentliche Festkultur. Politische Feste in Deutschland von der Aufklärung bis zum Ersten Weltkrieg. Reinbek bei Hamburg 1988
Hanna Egger, Weihnachtsbilder im Wandel der Zeit. Wien und München 1978
Richard Faber und Esther Gajek (Hrsg.), Politische Weihnacht in Antike und Moderne. Zur ideologischen Durchdringung des Fests der Feste. Würzburg 1997
Helmut Paul Fielhauer, Christbaum-Nachlese. In: Österreichische Zeitschrift für Volkskunde 82 (1979), S. 282–299
Doris Foitzik, Kriegsgeschrei und Hungermärsche. Weihnachten zwischen 1870 und 1933. In: Faber/Gajek, Politische Weihnacht, 1997, S. 217–247
Gustav Gugitz, Das Jahr und seine Feste im Volksbrauch Österreichs: Verlag Brüder Hollinek Wien 1950

Susanne Hawlik und *Wolfgang Slapansky*, Familienfeste – die konstruierte Idylle. In: Elisabeth Vavra (Hrsg.), Familie. Ideal und Realität, Horn 1993, S. 241–257
Verena von der Heyden-Rynsch, Europäische Salons. Höhepunkte einer versunkenen weiblichen Kultur. München 1992
Hubert Kaut, Alt-Wiener Spielzeugschachtel. Wiener Kinderspielzeug aus drei Jahrhunderten. Mit Beiträgen von Gabriele Folk-Stoi, Gertrud Wernigg und Christian M. Nebehay. Wien 1961
Das Kind und seine Welt. Ausstellungskatalog des Historischen Museums der Stadt Wien. Wien 1959
Kindsein in Wien. Zur Sozialgeschichte des Kindes von der Aufklärung bis ins 20. Jahrhundert. Ausstellungskatalog des Historischen Museums der Stadt Wien. Wien 1992
Walter Koschatzky, Aus dem Tagebuch des Erzherzogs Johann von Österreich. In: Albertina-Studien 1965, N. 3, Seite 154 ff.
Walter Koschatzky, Rudolf von Alt. Salzburg 1975
Markus Kreuzwieser, „machet auf den türel/machet auf den türel“. Streifzüge zur Weihnachtsthematik in der österreichischen Literatur. In: *Faber/Gajek*, Politische Weihnacht, 1997, S. 119–140
E. M. Kronfeld, Der Weihnachtsbaum. Botanik und Geschichte des Weihnachtsgrüns. Seine Beziehungen zu Volksglauben, Mythos, Kulturgeschichte, Sage, Sitte und Dichtung. Oldenburg und Leipzig o. J.
Gertrude Langer-Ostrawsky, Erziehung. In: Elisabeth Vavra (Hrsg.), Familie. Ideal und Realität. Horn 1993, S. 151–161
Kurt Mantel, Geschichte des Weihnachtsbaumes und ähnlicher weihnachtlicher Formen. Hannover 1977
Johann Michal, Der Nikolo wie er in der Legende und in den Volkssitten lebt und leibt. Zugleich die Erklärung der schönen Volksgebräuche und deren Zusammenhang mit der altgermanischen Mythe. Christdorf in Mähren 1902
Katharina Novy und *Gert Dressel,* Von Maikäfern und Masters. Kinderspiel seit 1800. In: Elisabeth Vavra (Hrsg.), Familie. Ideal und Realität. Horn 1993, S. 162–173
Karlheinz Rossbacher, Literatur und Liberalismus. Zur Kultur der Ringstraßenzeit in Wien. Wien 1992
Leopold Sailer, Der Christkindelmarkt. In: Die Wohnung, 1. Jg., Heft 8 (Oktober 1930)
Dieter Schellong, Schleiermachers „Weihnachtsfeier“. Ein Dokument des evangelischen Bürgertums zum Anfang des 19. Jahrhunderts. In: *Faber/Gajek*, Politische Weihnacht 1997, S. 75–85
Richard Sennett, Fleisch und Stein. Der Körper und die Stadt in der westlichen Zivilisation. Berlin 1995
Bartel F. Sinhuber, Weihnachten im alten Wien. Geschichten und Erinnerungen, gesammelt und herausgegeben von Bartel F. Sinhuber. Wien 1990
Alexander Tille, Die Geschichte der Deutschen Weihnacht. Leipzig 1893
Alexandra Tscheitschonig, „Gleichsam das Kunst-Rendezvous der Fremden“. Der literarische und musikalische Salon Fanny von Arnsteins. (Dipl.-Arb.) Wien 1996
Elisabeth Vavra (Hrsg.), Familie. Ideal und Realität. Katalog des Niederösterreichischen Landesmuseums, Neue Folge Nr. 316 zur Niederösterr. Landesausstellung 1993. Horn 1993
Ingeborg Weber-Kellermann, Die deutsche Familie. Versuch einer Sozialgeschichte. Frankfurt am Main 1974
Ingeborg Weber-Kellermann, Das Weihnachtsfest. Eine Kultur- und Sozialgeschichte der Weihnachtszeit. Luzern und Frankfurt am Main 1978
Reingard Witzmann, „Zum Nutzen und Vergnügen“. Kunterbuntes Spielzeug und allerlei Spiele. In: Kindsein in Wien. Zur Sozialgeschichte des Kindes von der Aufklärung bis ins 20. Jahrhundert. Ausstellungskatalog des Historischen Museums der Stadt Wien. Wien 1992, S. 32–45
Reingard Witzmann, Die kleine Welt des Bilderbogens. Der Wiener Verlag Trentsensky. Ausstellungskatalog des Historischen Museums der Stadt Wien. Wien 1977
Richard Wolfram, Christbaum und Weihnachtsgrün. In: Österreichischer Volkskunde-Atlas. Unter der Patronanz der Österreichischen Akademie der Wissenschaften herausgegeben von Richard Wolfram und Egon Lendl, 2. Lieferung Wien-Graz-Köln 1961

Bildnachweis

Germanisches Nationalmuseum Nürnberg: Umschlagbilder vorne und hinten
Historisches Museum der Stadt Wien: 7, 34, 35, 40, 48, 76, 89 (Foto: Ernst Hausner), 90/91, 92, 96, 107, 110, 132/33, 140, 141, 147, 163, 165
AKG Berlin: Vor- und Nachsatz, 8, 12, 33, 73, 94/95, 102, 112, 130, 148, 168
Erzherzog Franz Ferdinand Museum, Artstetten: 93
Sammlungen der k.k. Schlösser Artstetten und Luberegg: 59
Bildarchiv der Österreichischen Nationalbibliothek: 21, 27, 29, 47, 51, 55, 63, 67, 118, 138, 171
Österreichische Nationalbibliothek: 23, 25, 32, 43, 45, 52, 105, 114, 119, 120, 122, 125, 143, 144, 153, 172
Universitätsbibliothek Wien: 127, 128
Deútsche Staatsbibliothek Berlin: 156
Kunsthistorisches Museum Wien: 36/37
Carolino Augusteum Salzburg: 129
Sammlung Gerhard Janaczek, Maria Enzersdorf am Gebirge: 134, 135, 164, 179 (alle Fotos: Robert Bouchal)
Sammlung Viktor Kabelka: 2, 39, 99, 136, 151
Kunstverlag Wolfrum: 38
Sammlung Hänsel, Wien: 159, 160
Archiv Verlag Pichler: 131, 154
Emil Karl Blümml und Gustav Gugitz, Alt-Wiener Krippenspiele, Wien 1925: 79, 80, 83, 85, 101

Danksagung

Für die tatkräftige Unterstützung bei der Arbeit an diesem Buch möchte ich bei Frau Ingrid Hänsel, Herrn Ing. Ernst Hausner und Herrn Mag. Kurt Rödhammer herzlich bedanken. Besonderer Dank gilt Herrn Diplomkaufmann Gerhard Janaczek, Maria Enzersdorf, für die Bereitstellung diverser Kataloge und Bilder aus seiner Sammlung sowie Herrn Robert Bouchal, dem Höhlenforscher und Naturfotografen, für die Erstellung der diesbezüglichen Fotos.